neue frau
herausgegeben von
Angela Praesent

Maria Wimmer
Die Kindheit auf dem Lande

rororo

Rowohlt

94.–102. Tausend August 1983

Originalausgabe
Veröffentlicht im Rowohlt Taschenbuch Verlag GmbH,
Reinbek bei Hamburg, November 1978

Umschlagentwurf Isa Petrikat
(Umschlagzeichnung nach einem Kinderfoto der Autorin)
Foto der Autorin vom Fotostudio Haegele, Freiburg i. B.
Gesetzt aus der Aldus (Linotron 505 C)
Gesamtherstellung Clausen & Bosse, Leck
Printed in Germany
580-ISBN 3 499 14291 0

Für Mirjam

Im Frühsommer hackten die Frauen die Erde auf den Kartoffelfeldern auf. Sie hatten weite, kurzärmlige Kleiderschürzen aus Baumwolle an, die vorne von oben bis unten durchgeknöpft waren. Darüber trugen sie halblange Baumwollschürzen, deren Bänder um die Taille geschnürt wurden, um die Weite der Kleiderschürzen zusammenzuhalten. Die halblangen Schürzen waren dunkelblau mit dünnen, weißen Längsstreifen. Um den Kopf hatten die Frauen große Baumwolltücher gebunden, die im Nacken verknotet wurden. Sie waren weiß, doch von Schweiß und Schmutz waren sie gelblich geworden. Winzige schwarze Blümchen waren aufgedruckt. Diese Kopftücher gab es auch in Rot und Blau und mit weißen Blumen, aber sie wurden seltener getragen. Die Frauen hatten lange schwarze oder dunkelbraune Wollstrümpfe an. Wenn ihnen bei der Arbeit warm wurde, krempelten sie die Strümpfe herunter. Dann lagen sie in dicken Rollen über den Fußknöcheln.

Die Frauen rochen nicht gut.

Nahe am Acker standen in ungleichmäßigen Abständen Obstbäume, die Schatten gaben. Dort saß ich. Wenn die Frauen in den Furchen voranrückten, wechselte ich den Baum, um auf gleicher Höhe mit ihnen zu bleiben. Ich hatte meine Puppe Lola dabei. Oft wußte ich nicht, was ich spielen konnte, und dann sah ich den Frauen zu, wie sie langsam vorrückten. Ich sah, wie sie breitbeinig in den Furchen standen, sie holten weit aus und hackten die Erde auf. Viele bewegten sich rückwärts, damit sie die gerade aufgelokkerte Erde nicht festtraten. Meine Mutter hatte gesagt, daß man in ihrem Heimatort so nicht hacken würde, aber nun tat sie es auch. Es war mir nicht recht, wenn die Frauen eine Pause einlegten, um sich den Schweiß von der Stirn zu wischen oder wenn sie, um ihre gekrümmten Rücken aufzurichten, einen kleinen Schwatz machten. Der Acker schien mir dadurch länger zu werden, ich würde erst später zum nächsten Baum umziehen können.

Der Acker zog sich eine leichte Anhöhe hinauf, die Furchen liefen

geradewegs in das Blau des Himmels. Es sah aus, als könne man dort mit der Arbeit aufhören, aber ich wußte, daß erst die Hälfte des Nachmittags vergangen sein würde, wenn die Frauen dort oben anlangten. Dahinter zog sich der Acker weiter.
Ich trippelte auch direkt hinter den Frauen her, aber dann fiel ich in die Furchen. Ich wollte die Hacke meiner Mutter mitanfassen, doch sie holte zu weit und zu hoch aus, und ich kehrte enttäuscht wieder zu meinem Baum zurück.
Ich hatte eine Flasche Himbeersaft dabei, selbstgemachten, daraus trank ich ab und zu. Er schmeckte sehr süß und war klebrig. Weil ich die Flasche neben mir abgelegt hatte, bekam ich beim Trinken Erde in den Mund.
Ich wollte mich bei meiner Mutter wieder bemerkbar machen und ging hin, um mir die Nase putzen zu lassen. Sie holte ihr Taschentuch aus der Kleiderschürze hervor. Auch daran hing Erde, und es rieb mir an der Nase.
Ich sah die lange Reihe der Bäume entlang. Oft fragte ich meine Mutter, wie viele es noch seien. Dann kam es vor, daß sie mich rief, ich solle schnell zu ihr hin kommen. Sie hielt mit der Arbeit inne und zeigte in die Furche vor sich. Dort lag ein kleines rotes, gelbes oder weißes Osterei. Meine Mutter sagte, der Osterhase habe es verloren oder da für mich versteckt. Es klebte auch etwas Erde daran, aber es schmeckte gut, und zurück unter meinem Baum beobachtete ich meine Mutter und wartete immer darauf, ob sie bald wieder rufen würde.

Die Wände in der Küche waren bis zur Augenhöhe der Erwachsenen mit graubrauner Ölfarbe gestrichen. Wo kein Möbel stand, waren glatte, kalte Flächen. Im Winter schwitzten die Wände. Winzige Wasserperlen saßen darauf, und von Zeit zu Zeit rieselte ein kleines Rinnsal herunter. Der Anstrich war mit einem dunkelbraunen Querstreifen abgeschlossen. Von da an bis zur Decke waren die Wände weiß getüncht.
Auf dem Boden lagen Bretterbohlen von der Breite einer Männerhand. Zwischen den Bohlen waren Ritzen, in denen altes Bohnerwachs klebte. Am Samstag wurde der Boden mit Seifenlauge geschrubbt. War er trocken, wurden die Bohlen mit Bohnerwachs eingewachst. Als Lappen verwendete meine Mutter Stücke alter

Unterwäsche oder alte Socken meines Vaters. Dann fuhr sie mit einem schweren Blocker hin und her. Manchmal durfte ich mich auf den Blocker stellen, und sie schob mich durch die Küche. Während der Woche wurde die Küche mit dem Besen ausgefegt.

An der Wand über dem Herd hing ein Wäschetrockner. Er war aus Holz, und das Gestänge breitete sich sternförmig in einem Halbkreis über dem Herd aus. Auf dem Gestänge wurde im Winter die Wäsche zum Trocknen aufgehängt.

Man wusch sich in der Küche am Wasserstein. Er war aus Terrazzo. Wenn ich ihn anguckte, mußte ich an Schwartenmagen denken.
Links oben neben dem Wasserstein hing der Spiegel, etwas schräg gegen die Wand gestellt, an einem Nagel. Der cremefarbene Bakelitrahmen war in den Ecken rissig. Davor stand meine Mutter und kämmte sich. Sie hatte langes, dunkles Haar. Sie flocht es auf dem Rücken zu einem langen Zopf zusammen, der nach unten langsam dünner wurde. Um das Ende wickelte sie eine dünne Strähne Haar, die im Kamm hängengeblieben war. Dann legte sie den Zopf zu einem Knoten im Nacken zusammen und steckte Haarnadeln hindurch.

Wir wohnten in der französischen Zone. Das Heimatdorf meiner Mutter lag in der amerikanischen, hundert Kilometer entfernt. «Dene isch's immer noch e bissel besser gange dort, die hen noch e bissel mehr ghat», so erzählten die Leute später.
Ich erinnere mich, daß wir eines Sommers zu den Großeltern fuhren. Mein Vater schraubte den Erdbeerkarch hinter sein Fahrrad, ich wurde hineingepackt, meine Mutter fuhr auf ihrem Rad hinterher.
Unterwegs bei einer Rast fiel ihnen die Glasflasche auf den Boden, es war Milch drin für mich. Sie gingen zu einem Haus und baten um etwas Milch. Eine Frau hat eine Tasse herausgebracht.
Am Abend schaute ich in den Himmel und wunderte mich, daß der Mond immer gerade so schnell dort entlangzog wie mein Vater fuhr. Er war ständig bei uns.
Häufig machte mein Vater die Tour allein. Er brachte einen Sack

Mehl mit oder irgend etwas, was die Großeltern entbehren konnten.

Ich bekam ein Paar Schuhe. Das Oberleder war vorne durchgescheuert, und meine Mutter ließ vom Schuhmacher eine Kappe aufsetzen. Sie spannte sich rund und hart über den Zehen. Ich stand auf einer Fußspitze, die andere hatte ich darüber gestellt und mit dem Ellbogen stützte ich mich auf der Tischkante auf, als wollte ich gleich hinaufsteigen. Ich sah meine Mutter an, die mir einen Apfel schälte. Plötzlich schrie sie: «Kind, die Schuhe.» Die Kappe war eingedrückt und faltete sich nach innen. Meine Mutter weinte.

Oft hat meine Mutter mir erzählt, daß sie mir, als ich noch ganz klein war – «man hat ja nichts gehabt» –, eine Kette machte. Sie fädelte die Knöpfe alter Eisenbahnuniformen meines Vaters auf eine Schnur. «Die Blechknöpfe rasselten, wenn sie gegeneinander schlugen. Du hast schön damit gespielt und laut gejuchzt, wenn es Krach machte. Als der Krieg aus war und die Franzosen kamen, da, ich seh's heut noch vor mir, bist du auf dem Boden gesessen, hat einer ein Messer genommen und die Schnur durchgeschnitten. Sie haben die Knöpfe untereinander verteilt und in die Tasche gesteckt. Du hast bitterlich geheult, aber man hat da nichts machen können.»

Mein Vater hat ein Holzkistchen gezimmert, darunter hat er zwei Kleiderbügel genagelt. Die Kiste hat meine Mutter bezogen mit dem Stoff eines alten Nachthemds. Der Stoff hatte eine rosa Farbe und war mit Blümchen bedruckt. Das war meine Puppenwiege, für Lola, meine Puppe.

Es muß eine Zeit gegeben haben, in der die Leute für einen Rucksack vollgepackt mit Papiergeld kaum mehr einen Laib Brot kaufen konnten. Dann kam die Währungsreform, und das Kopfgeld wurde zugeteilt.
Mein Vater hat mich mitgenommen, unser Kopfgeld abzuholen. Auf dem Heimweg kamen wir an Krebs' Laden vorbei. Im Laden gab es Lebensmittel, Kurzwaren, Geschirr. Das Schaufenster war hoch über der Straße, eigentlich war es nur ein besonders großes

Fenster. Da oben, inmitten anderer Waren, an die ich mich nicht mehr entsinne, stand ein Roller mit roten Rädern. Ich wußte, daß ich nie so einen Roller besitzen würde. Ich bettelte meinen Vater an, er solle doch mit mir in den Laden gehen und den Herrn Krebs fragen, ob ich mal drauf stehen dürfe. Ich wollte ja nur ausprobieren, ob ich denn Roller fahren kann.
Er ging mit mir die Ladentreppe hinauf, der Roller wurde aus dem Fenster geholt, und ich durfte vor dem Ladentisch auf und ab fahren. Der Herr Krebs fragte mich, ob das ein schöner Roller sei, und zu meinem Vater sagte er, er sei ganz besonders stabil. Mein Vater legte das Kopfgeld auf den Tisch, und der Roller gehörte mir. Ich rollerte neben ihm her nach Hause. Meine Mutter zeterte: «Das ganze Kopfgeld weg, wie soll's jetzt weitergehn? Mann, woran hast du nur gedacht, so ein Blödsinn, dem Kind einen Roller zu kaufen.» Sie weinte, ich stand dabei und empfand eine wunde Zärtlichkeit für meinen Vater.

Während der Besatzungszeit hatten wir Einquartierung von Franzosen. Bei uns bezog ein Monsieur Robert Quartier, meine Eltern nannten ihn den Musjö Robbé. «Wenn er bloß nicht immer das Flittchen mitgebracht hätte», sagte meine Mutter, «sonst war er in Ordnung, da kann ich nichts über ihn kommen lassen, er war immer tipp topp.»
Ich saß auf dem Küchentisch, meine Mutter saß auf dem Hocker davor und wollte mir die alten Stiefelchen anziehen, die mir längst zu klein waren. Sie stieß die Ellenbogen gegen ihren Bauch und drückte mit Leibeskräften gegen meinen ausgestreckten Fuß, um ihn in den Schuh hineinzuzwängen. Er war zu kurz und zu eng, es tat mir weh und ich weinte. Andere Schuhe hatte ich nicht. Musjö Robbé kam zufällig dazu. Er erklärte meiner Mutter, er wolle mich mitnehmen und mir Schuhe kaufen.
Ich fuhr zum erstenmal Auto, ich saß neben dem Flittchen. Er brachte mich in G.'s Schuhladen. Alle Schuhe meiner Größe wurden herbeigeschafft. Ich hockte auf dem niedrigen Schuhschemel, um mich herum die Schuhe, die Verkäuferin, Musjö und sein Flittchen. Ich durfte selber auswählen und nahm die schönsten. Es waren braune Halbschuhe mit einer Schnalle.
«Jesses Gott», sagte meine Mutter, «und ich hab sie mitgehen lassen, ich hab bloß gedacht, hoffentlich bringt er sie wieder und dann das Flittchen noch dabei.»

In der schweren Zeit kamen öfters Leute aus der Stadt. Sie tauschten manche Habseligkeiten gegen Lebensmittel ein.
«Die hatten ja oft nicht mal das Nötigste, auf dem Land konnte man sich noch eher über Wasser halten, man hatte ja seinen Garten oder ein Stück Feld.»
Meine Mutter tauschte Nahrungsmittel gegen eine große, dicke Zelluloidpuppe. Sie hatte hellblaue, fast runde Augen, die glotzten weitaufgerissen. Das Auge war wie eine Scheibe, ganz ohne Tiefe. Sie hatte hellbraun aufgemalte Haare, und ein paar Haarsträhnen waren angedeutet durch das wellenförmig gefurchte Zelluloid. Sie faßte sich kalt und steif an. Meine Mutter nähte für die Puppe einen rot-weiß karierten Trägerrock, auf dem Bauch wurden die roten Bänder zu einer Schleife zusammengebunden. Die Puppe saß im Wohnzimmer auf der Couch. Ich durfte werktags nicht mit ihr spielen, aber sonntags durfte ich sie in Begleitung meiner Mutter ausfahren. Von einer älteren Cousine hatte ich ein Puppensportwägelchen vererbt bekommen. Es war beige, aus Wachstuch und sehr hartem Pappmaché. So ein Material habe ich bis heute nie wieder gesehen. Jeden Sonntagnachmittag machten wir uns fertig, die Puppe kam in den Wagen, und wir holten meinen Vater vom Sportplatz ab. Er schaute sich regelmäßig bei Wind und Wetter die Spiele an, die die Nachbargemeinden untereinander austrugen.
Wenn wir wieder daheim waren, setzte meine Mutter die Puppe zurück auf die Couch im Wohnzimmer, in dem wir uns nur an Weihnachten oder großen Familienfesten wie der Erstkommunion aufhielten. Dort saß sie bis zum nächsten Sonntag.
Die Puppe hatte keinen Namen, wir nannten sie die Sportplatzpuppe.

Am Abend strickte meine Mutter oder stopfte Strümpfe. Manchmal schrieb sie auch einen Brief ‹nach Hause›. Sie hatte einen linierten Briefblock, der ein besonderes Fach im Küchenschrank hatte, dort, wo auch die Korrespondenz aufgehoben wurde. Der Briefblock wurde nur langsam dünner, sie brauchte selten ein Blatt. Manchmal schenkte sie mir eines, wenn ich ein besonders schönes Bild malen wollte. Sonst malte ich auf alten Briefumschlägen, die sie mit dem Messer aufschnitt.

An solchen Abenden lag mein Vater auf dem Küchensofa. Ich wollte, daß er mir Geschichten erzählte. Er erzählte von früher, als er noch selbst klein war, vom Krieg, wie er einmal verschüttet war, von der Gefangenschaft und vom Schinderhannes. Die Schinderhannesgeschichten fingen so an: «Also da war mal der Schinderhannes . . .» Er erzählte immer dieselben Geschichten, und ich legte Wert darauf, daß er dabei stets denselben Wortlaut einhielt. Bevor er zu erzählen anfing, stellte er eine Bedingung: ich sollte ihn dabei kämmen. «Aber Papa, dir kann man gar keine rechte Frisur machen, du hast nur so wenig Haare», sagte ich. «Aber am Kopf kämmen kannst du mich trotzdem, mal sehen, vielleicht fällt mir noch eine Geschichte ein», entgegnete er. Ich holte sein kleines Hornkämmchen aus seinem Fach aus dem Küchenschrank, in dem auch sein Rasierzeug stand, und kletterte ans Kopfende des Sofapolsters. Ich kämmte ihm die wenigen Haare, und er fing an. Wenn er Geschichten aus seiner Schulzeit erzählte, sang er mir das Lied vor, das er damals gelernt hatte: Der Pilger aus der Ferne zieht seiner Heimat zu, dort oben, da leuchten die Sterne, da findet er seine Ruh. Mir wurde wehmütig.

Manchmal flocht ich seine wenigen Haare zu einem dünnen Zöpfchen zusammen und band einen Wollfaden drum. «Papa, jetzt siehst du schön aus, wie ein Mädele, du mußt mal in den Spiegel gucken», sagte ich. Ich holte seinen Rasierspiegel aus dem Fach. Er lachte und sagte: «Siehst du, was man mit meinen Haaren noch alles machen kann.» Meine Mutter schaute hoch und meinte: «Aber Mann, du läßt aber auch alles mit dir machen. Du tätst dem Kind noch die Sterne vom Himmel runter holen.» Ich sagte: «Gell Papa, wenn wir nur so eine lange Leiter hätten.»

Wir gingen immer früh ins Bett.

Mein Vater war während des Krieges in Frankreich gewesen. An der Westküste stand er zum erstenmal am Meer. Ich hatte es noch nie gesehen, auch nicht auf einem Bild, und wir kannten niemanden, der ans Meer fuhr und uns eine Ansichtskarte geschickt hätte. «Du mußt dir vorstellen, soweit du gucken kannst, geradeaus, nach rechts und links, du kannst nicht sehen, wo's aufhört. Es sieht so aus, als würde es im Himmel aufhören, und es ist ganz tief», erklärte er mir.

Ich kannte den Neckar, auf dem Lastkähne fuhren, und fand ihn sehr mächtig. «Das Meer ist viel, viel tiefer, du mußt dir vorstellen, es ist so tief wie viele Neckar übereinander.»
Ich sah vor mir ein Aquarium, so riesengroß, daß ich weder oben noch an den Seiten sah, wo es aufhörte, und meinte, das Meer müßte auf mich fallen, denn mein Vater sagte, daß vorne keine Glasscheibe dran sei.

Eines Morgens standen die Maschendrahttürchen des Hasenstalls offen. In der Nacht hatte jemand alle Hasen geklaut.
«Mer möcht bloß wisse, wer des gwä isch», sagten meine Eltern hinterher noch oft.
Einmal wollte mein Vater einen Krautkopf reinholen fürs Mittagessen. Es standen nur noch die mickrigen, kleinen da. Mein Vater stach sie voller Wut mit seinem Messer kaputt. «Die brauch ich jetzt auch nicht mehr, die Krüppel», schrie er.

Obwohl ich es nicht durfte, weil ich alles durcheinanderbrachte, wie sie sagte, stöberte ich in den Fächern meiner Mutter herum. Ich gab mir Mühe, keine Spuren zu hinterlassen, und legte die gebügelten und zusammengefalteten Taschentücher ordentlich übereinander, ehe ich die Schublade wieder zumachte, aber doch nicht ganz so korrekt aufs Eck, daß sie es nicht bemerkt hätte. Dann sagte sie: «Jetzt hast du doch wieder in meinem Zeug rumgewühlt.» Ich suchte nichts Bestimmtes und mir fiel auch nie etwas in die Finger, was ich nicht hätte sehen dürfen, ich wollte nur wissen, was in all den Schubladen und Fächern lag.
Ihre Handtasche lag in der unteren Schublade der Waschkommode. Sie war aus schwarzem Kunstleder und hatte einen kurzen Henkel.
Wenn meine Mutter in die Kirche ging oder zu einer Besorgung in die Stadt fuhr, hing sie über ihrem steif angewinkelten Unterarm.
In der Tasche waren ein kleines Fläschchen 4711, falls es ihr einmal schlecht werden würde in der Kirche, ein selbstumhäkeltes Taschentuch mit rosa oder hellblauer Spitze, ein Vivil, ein kleiner rechteckiger Taschenspiegel und der Rosenkranz in einer kleinen Blechdose. In der inneren Seitentasche lagen ein paar Zehner,

davon nahm sie sonntags etwas, wenn der Klingelbeutel während der Messe rumging, um nicht erst kramen zu müssen. In einer Plastikhülle war der Personalausweis, ein Foto von mir und der Bundesbahnausweis.
Ich wußte, was sich in der Tasche befand, trotzdem schaute ich immer wieder hinein.

Auf der Friedhofskapelle saß ein Wetterhahn. Mein Vater sagte: «Wenn der dreimal kräht, dann geht die Welt unter.»
Ich stellte es mir schlimm vor, vor allem dachte ich, daß die Erde über einem zusammenfiele, und man müsse ersticken. Dann konnte ich mir wieder gar nicht vorstellen, daß die Welt untergehen könne, wohin solle sie denn untergehn – es müßte doch noch etwas da sein. Das gibt's doch gar nicht, daß dann nichts wäre. Aber ich hatte auch schon davon gehört, daß unser jetziges Dorf früher Eichelbach geheißen hatte und dort gelegen haben soll, wo jetzt der Friedhof ist. Es mußte wohl auch untergegangen sein.
Ich fragte meinen Vater, wann denn der Hahn dreimal krähe. Er sagte: «Das kann morgen sein, oder übermorgen, vielleicht aber auch nächstes Jahr oder vielleicht auch überhaupt nie. Das weiß kein Mensch.»

In der ‹Kinderschul› waren viele Kinder. Es war laut. Draußen auf dem Hof wurde ich von größeren Kindern umgerannt. Die Jungen bildeten Ketten und zertraten mir die Kuchen, die ich auf der Holzbank, die den Sandplatz umrahmte, aneinandergereiht hatte. Oder sie entrissen einem die Schaufel oder anderes Spielzeug. Sie waren stärker und schlugen zu, wenn man sich wehrte. Wenn man heulte, lachten sie.
Es gab Ameisen, die einem an den Beinen hochkrochen. Einmal hatte ich mich in einen Ameisenhaufen gesetzt. Die Ameisen waren bis in die Unterhose gekommen. Ihr Biß und der Sand auf der verschwitzten Haut juckten, und ich mußte ständig kratzen. Die Haut war rot und picklig, ich kratzte und flennte und wartete auf meine Mutter. Ein Mädchen, so alt wie ich, ging mit mir aufs Klo und wusch mir mit Wasser das Hinterteil ab. Da hatte ich sie sehr lieb.

Nach dem Spiel im Freien trugen die Helferinnen Emailleeimer herbei. Sie waren mit Wasser gefüllt, und vorher hatten sie einen Klumpen Schmierseife darin aufgelöst. Alle Kinder mußten nun ihre Hände und Arme bis zu den Ellbogen eintauchen und waschen. Mich ekelte jedesmal, weil ich nachher noch stank. Aber vorher durfte man sich nicht auf sein Stühlchen setzen und bekam nicht sein Kinderschultäschchen mit dem Vesper. Auf meinem Brot war die Butter oft geschmolzen, der gelbliche Saft klebte am Papier und an den Händen. Ich wollte das Brot nicht mehr essen, aber die Kinderschulschwester erlaubte nicht, daß man es wegwarf. Ich hätte das Brot einpacken und mit nach Hause nehmen können, aber dann hätte meine Mutter geschimpft, weil man nichts verderben lassen durfte. Am Abend konnte sie das Brot nur noch den Hühnern füttern.
Nach dem Vesper war Ruhepause. Die kleineren Kinder wurden in einen Nebenraum gebracht und mußten sich auf die dort ausgebreiteten Matratzen legen. Man sollte schlafen, und wer nicht schlief, durfte nicht sprechen. Manche Kinder schliefen ein. Ich lag still und schaute sie an, die Zeit verging nicht. Ich war nicht müde und konnte nicht schlafen, das Lager roch nach den anderen Kindern und anders als mein eigenes Bett.
Nach der Ruhezeit wurden wir wieder an unser Tischchen gesetzt. Vor jedem Kind wurde ein kleiner Haufen Bauklötze ausgeschüttet, damit sollten wir bauen. Einige Kinder nahmen den Nachbarn rechts und links und gegenüber schnell und geschickt die Bauklötzchen weg, die ihnen besonders gefielen, meistens waren es die Holztierchen. Mir blieb nicht viel Brauchbares. Ich wollte es auch so machen, aber die Kinder legten sich mit verschränkten Armen und vornübergebeugtem Oberkörper über ihre Bauklötzchen und schrien: «Schwester, Schwester, die will mir was klauen!» Dann gab's was auf die Finger, und ich wurde an einen anderen Tisch gesetzt. Dort hab ich nichts mehr geklaut, weil ich gelernt hatte, daß ich zu langsam war.
Eine Puppe gefiel mir besonders. Sie hatte dickes, braunes Haar, das rechts und links zu einem Zopf geflochten war, und Schlafaugen, die, wenn man die Puppe bewegte, auf- oder zuklappten. Sie war für mich unerreichbar. Aber eines Tages erwischte ich ein Mädchen mit ihr und wollte sie ihr wegnehmen. Das Mädchen verteidigte die Puppe, und beide schrien und zerrten wir. Dann kam die Schwester dazwischen. Die schöne Puppe wurde dem

Mädchen zugesprochen, weil sie sie zuerst gehabt hatte. Die Schwester holte mir eine andere Puppe. Aber die hatte nur aufgemaltes Haar, ihre Schlafaugen waren kaputt, sie konnte nur noch starren. Ich schmiß sie auf den Boden und trat darauf. Die Schwester wollte mich beruhigen, aber ich schlug um mich. Da packte sie mich an den Armen und wollte mich in den ‹Grottenkeller› sperren, bis ich wieder lieb war. Der ‹Grottenkeller› lag unter dem Haus, wir wußten, daß es dort kalt und dunkel war und Kröten gab, die bissen, das hatte uns die Schwester erzählt. Ich klammerte mich an sie und biß sie durch alle ihre Kattunröcke hindurch in den Oberschenkel.

Ich ging nicht gern in die ‹Kinderschul›. Jeden Morgen, wenn es soweit war und meine Mutter das Kinderschultäschchen herbeiholte, weigerte ich mich. Ein paarmal verkroch ich mich unter das Sofa, das in der Küche in einer Ecke stand, aber sie angelte mich mit dem Schürhaken hervor. «Und du gehst in d'Kinderschul», sagte sie zu mir, und zu meinem Vater sagte sie: «Die Kinder lernen da so nette Sachen, Gedichte, Lieder und Gebetchen. Die tun sich dann viel leichter, wenn sie mal zur Schule kommen. Grad neulich hab ich mit dem Lehrer Arnold gesprochen und der hat gesagt, das merkt man einem Kind schon in den ersten paar Tagen an, ob es in der Kinderschul war oder nicht.»
Ich sträubte mich und zappelte, mein Vater durfte mir nicht helfen, und meine Mutter setzte mich in das Korbsesselchen, das vorn an der Lenkstange ihres Fahrrads hing.

Einmal schaukelte ich so, daß sie beim Aufsteigen die Balance verlor. Ich stürzte kopfüber auf die Straße und hatte eine Platzwunde über dem Auge. Meine Mutter mußte mich zum Arzt bringen, die Wunde mußte geklammert werden. Sie hatte keinen Einfluß mehr auf mich, ich wehrte ihr Zureden ab und schrie: «Geh du weg, du sollst fortgehn. Mein Papa soll kommen, ich will zu meinem Papa.» Der Arzt sagte: «Das Kind muß aber arg an seinem Vater hängen.» «Und ich hab mich so geniert vor dem Doktor», erzählte meine Mutter meinem Vater später zu Hause.
Noch heute steht in meinem Paß unter unveränderlichen Kennzeichen: Narbe an der linken Stirnseite.

Ein paarmal im Jahr stellte meine Mutter einen Spankorb mit Blumen in den Erdbeerkarch, oft waren es Stiefmütterchen und Bellis, die sie im Garten aufgezogen hatte. Die Gießkanne, den Rechen und eine kleine Harke legte sie dazu. Ich lud mein kleines Gießkännchen ein. Es war das Kännchen, mit dem meine Mutter ihre Geranien vor dem Küchenfester goß. Ich durfte im Wagen sitzen. «Aber schön in der Mitte bleiben», sagte sie, «sonst wird's zu schwer oder der Karch kippt.» Er hatte nur zwei Räder.
Dann schob sie den Karch die lange Straße hinab. Bis zur Kirche ging's geradeaus, dann bog sie nach rechts ab, es ging geradeaus weiter bis zum Rathaus und dort nach links ein kleines Stück weiter auf der Hauptstraße. Schließlich bog sie rechts ein auf einen schmalen, langen Weg, den Friedhofsweg. Die letzten Häuser blieben zurück, beiderseits am Weg standen hohe Pappeln, dahinter lagen Wiesen und Felder. Man überquerte einen Bach. Auf einer kleinen Anhöhe tauchte die Friedhofskapelle auf. Vor ihr stand eine Trauerbirke, deren Zweige über die alte Mauer herabhingen, die den Friedhof einfaßte. Manche älteren Leute sagten zum Friedhof auch ‹der Kirchacker›.
Wir gingen aufs Grab von der Marie, das war Vaters erste Frau. Meine Mutter krempelte die Ärmel ihrer Strickweste ein Stück höher und kniete sich nieder. Jetzt rupfte sie das Unkraut aus und entfernte alte Pflanzen. Sie lockerte die Erde auf und rechte sie eben, ehe sie die neuen Stöckchen hineindrückte. Dann ging sie noch einmal mit dem kleinen Häckchen dran und häckelte alle Unebenheiten weg. Zum Schluß goß sie, dazu nahm sie den Sprengkopf der Gießkanne ab und goß dicht bei den Pflanzen. Manchmal durfte ich helfen. «Aber nicht auf die Blätter gießen», sagte sie, «sonst werden sie braun, wenn die Sonne draufkommt.» Ich durfte außenrum sauber machen.
Ich ging oft durch die Reihen und betrachtete die anderen Gräber. Alle waren angelegt wie kleine Gärtchen. Zu den Kindergräbern ging ich jedesmal. Auf einem Grabstein saß ein kleiner Engel, der den Kopf auf die aufgestützte Hand legte. In seiner Hand hielt er eine geknickte Rose. Er war ganz aus weißem Stein. Das war mein liebstes Grab, da bin ich immer hingegangen.
Auch andere Frauen waren auf dem Friedhof. Sie blieben im Vorbeigehen kurz beieinander stehen und sprachen mit gedämpfter Stimme. Beim Wasserholen am Brunnen, der an der Mauer lag, sprachen sie lauter. Oft blieb auch jemand an unserem Grab

stehen und sagte zu meiner Mutter: «O d' Marie war au e gute Seel. I heb se gut kennt.»

Es gab einen Platz an der Mauer, wo die verwelkten Kränze und alten Pflanzen abgelegt wurden. Ab und zu hingen noch einzelne blühende Blumen daran. Ich habe welche abgerissen und ein Sträußchen gemacht. Da sagte meine Mutter, das dürfe ich nicht, die Blumen gehörten den Toten, und sie würden vom Himmel herabschauen.

Wenn man jemanden auf dem Friedhof hatte, gehörte es zum Spaziergang am Sonntagnachmittag, daß man sein Grab besuchte. Ältere Frauen gingen auch häufig am Werktag auf den Friedhof. Sie schoben Kinderwagen, in denen ihre Enkelkinder saßen. Werktags ging sonst niemand spazieren.

Die Gräber meiner Großeltern väterlicherseits waren ebenfalls auf dem Friedhof. Ich blieb kurz davor stehen, faltete meine Hände und betete, so wie ich es von den anderen gesehen hatte. Ich empfand nichts dabei.
Man sprach davon, daß der Großvater bald eingeebnet werden sollte, es sollte ein neues Feld angelegt werden, der Platz war knapp geworden. Diese Gräber wurden von den Schwestern meines Vaters gepflegt. Sie waren die näheren Verwandten, und solange es nähere Verwandte gab, war es deren Aufgabe.

Man mußte das Wasser im Hof pumpen. Dort stand ein Brunnen. Meine Mutter füllte zwei Eimer und stellte sie nebeneinander in der Küche auf ein niedriges Schränkchen, in dem unten meine Spielsachen eingeräumt waren. Ein Bürgermeister verhalf der Gemeinde zu ‹fließend Wasser›. Lange Zeit waren alle Straßen aufgerissen, lange Wälle von Erdhaufen waren aufgeschüttet. Man erreichte die einzelnen Häuser nur noch über Bretterstege, die über die tiefen Gräben führten.
In die Brunnentröge, die meist aus Buntsandstein waren, haben dann viele Leute Blumen eingepflanzt. Manchmal kamen Leute aus der Stadt und fragten, ob sie einen kaufen könnten für ihren Garten.

Ich weiß nicht mehr, ob er Spengel hieß oder nur so genannt wurde. Als die Nachrichten der Gemeinde noch nicht im ‹Blättle› verkündet wurden, fuhr er mit dem Fahrrad durch alle Straßen. Mitten auf den Kreuzungen stieg er ab, schwenkte eine Weile die große Glocke in der Hand und gab mit lauter Stimme durch, wann der Farrenstall geöffnet würde und daß im ‹Baurehof›, der landwirtschaftlichen Genossenschaftsstelle, neues Saatgut eingetroffen sei.

Wenn ich nicht brav war und meine Mutter mich schlug, habe ich zurückgeschlagen.
Als ich noch kleiner war, soll ich mich sogar auf den Boden gelegt und getrippelt haben vor Zorn. «Du warst ein richtiger Bock, den hat man dir regelrecht austreiben müssen», erzählte meine Mutter später.
Wenn ich sie schlug, schlug sie nur fester zurück und sperrte mich in den Keller. Sie schob den Riegel von außen vor, auch der Lichtschalter war außen angebracht.
Im Keller waren ein Stapel Briketts, ein aufgeschütteter Haufen Kohlen, in einem anderen Verschlag lagerten die Kartoffeln und Mostfässer. In einem Blechspind waren Marmeladegläser und das Eingemachte aufbewahrt. Es gab nur Fensterklappen, die sich dicht unterhalb der Decke befanden. Man sah nicht nach draußen.
«Kindern, die ihre Mutter schlagen, wächst das Händchen aus dem Grab. Dann kommen alte Weiber und hacken das Händchen ab. Aber es wächst immer wieder raus und jeder weiß, daß das Kind seine Mutter geschlagen hat», sagte sie.
Mir setzte sich die Vorstellung im Hirn fest, ich läge im Grab und bekäme kaum noch Luft und es täte mir weh, wenn die Leute mit der Hacke kommen und ich müßte mich schämen, weil jeder wüßte, daß ich meine Mutter geschlagen hatte.
Als ich größer war, habe ich nicht mehr zurückgeschlagen.

Am Sonntagmorgen ging meine Mutter in die Frühmesse. Sie war um halb acht. Bis sie zurückkam, hatte mein Vater Kaffee gekocht. Er kochte richtigen Kaffee, werktags trank man Lindes. Jeden

Sonntag gab es Apfelkuchen. Auf einem großen Blech hatte meine Mutter am Samstag Hefeteig ausgewellt und Apfelschnitze draufgesetzt. Die Streusel, die darauf lagen, schmeckten besonders gut, und ich lauerte beim Aufschneiden darauf, ein Stück mit vielen Streuseln zu erwischen. Gingen meine Eltern zur Kommunion, aßen sie nichts. Werktags trug mein Vater vorne offene gestreifte oder karierte Hemden, es war viel Blau darin. Er hatte meistens eine Kappe auf, die vorne um das kurze, breite Schild eine gedrehte Kordel hatte. Er trug grobe Stiefel, die er liebevoll ‹meine Knobelbecher› nannte.

Sonntags holte ihm meine Mutter ein gestärktes weißes Hemd, das er bis oben hin zuknöpfte. Er band sich die Krawatte um. Er trug einen Anzug und nahm die Sonntagshosenträger. Er hatte schwarze, gewichste Halbschuhe an, die glänzten, und zog einen Hut auf. Dann war es gegen zehn Uhr.

Ich dachte immer, die Frauen gehen in die Frühmesse und die Männer ins Amt. Ich durfte mein Sonntagskleidchen anziehen und mußte keine Schürze tragen, auch die weißen Kniestrümpfe, die seit dem letzten Sonntag frisch gewaschen waren, holte meine Mutter aus der Schublade. «Aber nicht gleich rumsauen», sagte sie, «daß man dich nachher auch noch angucken kann.» Aber ich wollte gar nicht spielen, wenn ich so schön war. Ich ging von der Küche in den Hof, vom Hof ging ich in den Garten, immer auf den Wegen, dann ging ich wieder in die Küche.

Ich fragte meine Mutter, die zu kochen angefangen hatte, ob der Papa komme, und sie stellte mich ans Hoftor und sagte, ich solle gucken, bis die Kirchenleut kämen. Wenn sie kämen, dürfte ich dem Papa langsam entgegengehen, «aber immer schön auf dem Trottoir bleiben», sagte sie, obwohl nie ein Auto fuhr.

Da stand ich und schaute die lange Straße hinunter, die endlosen Gartenzäune rechts und links liefen in der Ferne zusammen, dort mußten die Kirchenleute auftauchen. Zuerst sah ich nur einen dunklen Fleck, sonntags waren die Leute gedeckt angezogen. Die Kirchenleut zogen in Grüppchen zu vieren, fünfen in Reihen hintereinander die Straße herauf. Mußte einer aus der Gruppe nach links oder rechts abzweigen, weil er gleich zu Hause war, blieb man noch eine Weile an der Straßenecke stehen, ehe man sich trennte. Die Frauen trugen Handtaschen. Irgendwo in der Prozession mußte mein Vater sein, ich ging ihm langsam entgegen und musterte jede Reihe, an der ich vorbeikam.

Ich hatte einen Schutzengel. Meine Mutter hatte mir gesagt, daß jedes Kind einen Schutzengel habe.
Ich wußte auch, wie der Schutzengel aussah. Er hatte in der Mitte gescheiteltes, helles Haar, das in weichen Locken rechts und links über die Schulter herabfiel. Sein weißes Kleid war lang, am Hals zusammengerafft lief es in vielen tiefen Falten auf den Boden herunter. Es war ein Gewand. Es hatte weite, lange Ärmel, und der Schutzengel ging barfuß. Seine Flügel waren gefiedert wie Flügel reiner, weißer Schwäne, sie standen aufrecht und überragten sogar den Heiligenschein.
Sein Gesicht war zart, schmal und lieb. Er war ein schönes Mädchen, das erkannte man am Gesicht.
Über dem Bett meiner Cousine hing ein Bild, auf dem dieser Schutzengel zwei Kinder, einen Jungen und ein Mädchen, über einen schmalen Holzsteg geleitete, unter dem ein tiefes Wasser toste. Die Hände und die Arme hielt er fürsorglich ausgebreitet.
Mein Schutzengel war immer bei mir, er sah alles und hörte alles und beschützte mich Tag und Nacht. In der Nacht saß er an meinem Bett. Bevor ich einschlief, hatten wir ihn noch ins Nachtgebet mit eingeschlossen.
Wenn ich lieb war, freute sich der Schutzengel über mich. Hatte ich etwas Böses getan und war nicht folgsam gewesen, war nicht nur meine Mutter erzürnt und traurig, auch der Schutzengel wandte sich von mir ab und weinte. Ich hatte ihn traurig gemacht. So hatte es meine Mutter mir gesagt. Wenn sie mich nicht mehr lieb haben konnte und über mich traurig war, und mich auch der Schutzengel nicht mehr lieb haben konnte, weil ich auch ihn traurig gemacht hatte, so daß nicht einmal mehr er bei mir bleiben wollte, mochte ich mich selbst nicht mehr, weil mich niemand mehr mochte. Diesen Zustand hielt ich nicht aus, ich war allein, mutterseelenallein, und noch nicht einmal mit mir selbst einig.
Ich lief meiner Mutter hinterher wie ein Hündchen und bettelte: «Sei doch wieder gut mit mir, ich will's auch nie mehr machen.»
In dem Moment glaubte ich, daß ich von nun an immer lieb sein könnte, so daß es nie mehr geschehen müßte, daß man mich nicht mehr lieb haben könnte. Aber meine Mutter sagte dann oft: «Bis zum nächsten Mal, das hast du beim letzten Mal auch schon versprochen.»
Ich war verzweifelt, weil ich mein Versprechen, das ich hoch und heilig gegeben hatte, nicht einhalten konnte, weil es mir immer

wieder passierte, daß ich es brach. Und ich wollte es doch nicht, ich wollte nichts mehr, als daß man mich lieb haben könnte. Da glaubte ich, in mir säße der Teufel und würde mit mir die bösen Sachen anrichten, da ich nichts dagegen tun konnte. Ich hatte Angst vor einem Teil in mir, den ich nicht beherrschen konnte und der diese zeitweilige Verbannung heraufbeschwor, diese Verdammnis, in der ich von allen Menschen ausgeschlossen war, in der mich selbst noch der Schutzengel verließ und ich mich selber hassen und verachten mußte.

Manchmal kamen mir auch Zweifel an der Fürsorge des Schutzengels, und ich betete zu ihm, daß er mir doch besser helfen möge beim nächsten Mal. Ich war stets darauf bedacht, mich mit ihm zu verbünden gegen mich, um nichts Schlimmes mehr machen zu müssen. Ich durfte nicht an ihm zweifeln, denn sonst konnte es geschehen, daß er mich für immer verließ. Ich durfte nicht so böse sein, an seiner immerwährenden Güte und Sorge zu zweifeln, da er doch Tag und Nacht um mich war und sich selbst keinen Schlaf gönnte, um meinen Schlaf zu bewachen.

Wir hatten Ziegen. «Jetzt gibt's bald kleine Geißle, freust dich?» fragte meine Mutter.

An den Abenden munkelten die Eltern miteinander. Wenn ich mich einmischte, kniff meine Mutter ein Auge zu und machte eine Kopfbewegung, die meinem Vater galt. Das bedeutete, er solle nicht weiterreden. Einmal sagte er: «Warum soll sie's denn nicht wissen?»

Eines Abends ging er los, um eine Frau vom Dorf zu holen. Ich mußte früh ins Bett. Am nächsten Morgen hatten wir kleine Ziegen.

Wir wohnten in einem neueren Teil des Dorfes, nahe beim Bahnhof. Wenn man zum Einkaufen ging, sagte man: «Ich muß ins Dorf.» Im Dorf nannte man die, die zum Rand hin wohnten: die da draußen von der Vorstadt.

Meine Mutter nahm mich oft mit ins Dorf. Sie band sich vorher eine frische Schürze um und mir auch. Dann kämmte sie mir die

Haare. Sie wurden links und rechts gescheitelt, die mittlere Partie schlug sie über einen Kamm zu einer Tolle zusammen.
Die Leute sagten dazu Hahnenkamm, was mir peinlich war. Am Ende des Hahnenkamms steckte eine riesige Schleife aufrecht im Haar. Es war ein breites, mit Hoffmanns Katzenstärke steifgemachtes Band. Ehe wir losgingen, holte sie ein frisch gestärktes aus der Schublade. Wenn sie es zu einer Schleife faltete und mit der Hornlibelle befestigte, raschelte es. Meine Muter nahm mich an der Hand und die Leute sagten, ich hätte einen mächtigen Propeller auf dem Kopf, ich solle nur aufpassen, daß ich nicht wegflöge.
Da konnte ich diese Schleife nicht mehr ausstehen, ich dachte, mein Kopf sähe aus wie ein Hubschrauber.
Die Schleife hat sie fast nie vergessen; ich genierte mich für den Propeller, aber ich mußte ihn tragen, sonst hätte ich nicht mitgedurft. «Das sieht doch nett aus, und die Leute sagen das doch bloß, weil es ihnen gefällt.»
Manche sagten auch nur: «Was hat doch das Kind für helle Haare. Wie von der Sonne gebleicht.» Dann mußte ich an die ausgebreiteten Bettücher denken, die meine Mutter an sonnigen Tagen auf dem Gras mit der Gießkanne begoß. Diese Vorstellung war mir weniger unangenehm. Trotzdem hoffte ich, daß ich, wenn ich erst größer wäre, so dunkles Haar haben würde wie meine Mutter oder auch mein Vater auf den alten Fotos.

Ich hatte im Schaufenster des Friseurladens zwischen Kämmen, Rasierseife und Zahnpasta eine Shampontube entdeckt, auf der ein tiefschwarzer Kopf im Profil aufgedruckt war. Es war Shampoo von der Firma Schwarzkopf. Ich quälte meine Mutter, dieses Shampoo kaufen zu dürfen, ich glaubte, wenn man damit die Haare wüsche, würden sie schwarz. Meine Mutter sagte: «Kind, das ist doch unnötige Geldmacherei von den Geschäften.» Sie wusch mir meine Haare mit einer Handvoll Persil, demselben Waschmittel, womit auch die Wäsche gewaschen wurde.

Auf dem Weg ins Dorf traf man immer jemanden. Man blieb dann an der Straßenecke stehen oder stellte sich eine Weile ans Hoftor zu den Leuten. Man sprach über die kranke ‹Groß› oder daß bei der Schwägerin was Kleines unterwegs sei, oder daß der Nachbar 's wohl nicht mehr lange machen wird – «de Dokter geht jeden Tag dreimal aus und ein» – oder daß der Hornung Lepold noch arg mitg'macht hat zum Schluß. «Es war eine Erlösung zum Schluß

für alle. Man hat's fast nimmer mit angucken können. Aber e schene Beerdigung hat er g'hat, 's isch bestimmt wahr. Dene Junge wird er jetzt fehle, denn di hen die Rente vom Opa scho brauche kenne, jetzt, wo se grad umbaut hen. Jetzt, wo se alles so schen hen, hat er's gar net mehr erlebe dürfe. Aber 's war e Erlösung.»
Ich stand daneben und trat von einem Fuß auf den anderen. «Mutti, gehn wir jetzt weiter?» Mit den Fußspitzen stocherte ich in ein paar lockeren Steinchen herum. «Ja, gleich.» Dann wurde über den Garten gesprochen und man versprach, sich Ableger von einer besonders schönen Erdbeersorte auszutauschen, oder meine Mutter fragte, wieso denn die Geranien am Fenster dieses Jahr so voll blühten und so ein fleischiges Grün hätten. Sie wollte ihre von nun an auch mit Hühnermist düngen. Manchmal kam noch jemand dazu. Er stieg vom Fahrrad ab und zeigte auf die Äpfel, die er in seinem Spankorb hatte. «Die falle dies Jahr so früh runner. 's wird net viel gebe dies Jahr, 's Wetter isch zu lumpig gwä.»
Ich hängte mich mit meinem Gewicht an den Arm meiner Mutter und zog sie sanft an der Hand vorwärts, so wie man an einem Bäumchen zieht, um es auszureißen. «Also macht's gut, ich muß jetzt weiter und gute Besserung für d'Oma», sagte sie.
Ich beschwor sie: «Gell, Mutti, jetzt bleiben wir aber nicht noch mal stehn.»
Aber zwei Kreuzungen weiter kam Frau Wolter. Ich wußte, daß wir an ihr nicht vorbeikommen würden. Meine Mutter kannte sie gut, ich mochte sie nicht so recht. Sie war so mächtig, ihr dickes Gesicht war leicht rot und verschwitzt. Sie hatte eine resolute Stimme. «Ah, d'Frau Wolter. Komm, Maria, gib der Frau Wolter schön 's Händle und sag guten Tag.» Ich versteckte die Hand hinter meinem Rücken, schaute auf den Boden und sagte nicht guten Tag. Meine Mutter beugte sich herab und versuchte, meine Hand hervorzuholen und sie mir beim Guten-Tag-Sagen zu führen. «Stell dich doch nicht so an, Kind, du kennst doch die Frau Wolter.»

Einmal, als ich ihr wieder die Hand geben sollte, hob ich meiner Mutter den Rock hoch und schlüpfte darunter. «Das ist ein Dickkopf von Kind», sagte sie zu Hause meinem Vater, «die kann man nirgends mit wohin nehmen. Mitten auf der Straße, stell dir vor, mitten auf der Straße, lupft die mir den Rock hoch, was sollen bloß die Leute denken.»

Meine Mutter sagte manchmal: «Wenn ich aus dem Fenster gucke und sehe den Neckar nicht, dann werd ich ganz krank.» Oder sie sagte: «Das Wasser fehlt mir. Wenn man am Wasser groß geworden ist, kann man nicht ohne es sein.»
Meine Mutter war keine ‹hiesige›. Sie konnte das Heimweh nie ablegen. Sie stammte aus einem Dorf am Neckar, ihre vier Geschwister waren dort geblieben. Ein Bruder und eine Schwester lebten zusammen mit den Großeltern im elterlichen Haus. Zwei oder dreimal im Jahr fuhr meine Mutter mit mir ‹heim›. Wir konnten es uns erlauben, denn mein Vater hatte bei der Bahn geschafft, und wir bekamen verbilligte Fahrkarten.
Ich fuhr gerne mit ihr im Zug. Wenn wir auf einem Kleinstadtbahnhof zum letztenmal umgestiegen waren, sang sie mit mir das Lied: «Maria fährt zum erstenmal, mit der Bahn ins Neckartal.» Sonst sang sie nicht, nur manchmal in der Kirche oder Weihnachten vor der Bescherung. Meine Mutter wurde immer fröhlicher, je näher wir kamen, und ich freute mich.
Wenn wir da waren, stand ich stocksteif neben ihr und preßte den Kopf an ihre Beine. Ich umklammerte sie fest, wenn die Verwandten mich hochnehmen wollten. Sie wollten mir die Hasen zeigen, aber ich ging nicht mit. Auf Schritt und Tritt hing ich an meiner Mutter und anfangs mußte sie mich sogar aufs Klo mitnehmen.
Jemand beugte sich über mich und sagte: «Ich glaube, das Kind kann gar nicht sprechen.» Und ein anderer sagte zu mir: «So ein Kind habe ich aber noch nie gesehen, das klebt ja der Mutter am Rockzipfel. Zeig mal, vielleicht bist du angewachsen.» Meine Mutter sagte zu mir: «Sei doch nicht so komisch, dich kann man ja nirgends mit wohin nehmen.» Dann hörte ich, wie eine Tante zu meiner Mutter sagte: «Else, du hast da vielleicht einen Holzkopf von Kind.»
Das tat mir weh und ich wollte es meiner Mutter recht machen, weil ich spürte, daß sie sich für mich genierte. Ich nahm mir fest vor, beim Mittagessen zu sprechen und legte mir Formulierungen zurecht, die ich mir immer wieder vorsprach, aber dann brachte ich nichts heraus. Ich dachte: «Seht ihr denn nicht, daß ich es nicht kann.»
Am dritten Tag schleppte eine jüngere Tante eine riesige Zelluloidpuppe an. Sie trug weit abstehende, gekräuselte, hellgrüne Tüllkleider. Sie saß sonst auf den Ehebetten zwischen den Paradekis-

sen. Da brummte ich mit meiner tiefen Stimme: «Hat die Puppe aber dicke Schenkel.» Von nun an sprach ich, aber nur wenig.

An Weihnachten war es in der Kirche schön. Vorn vor dem Altar war eine große Krippe aufgebaut. Die Figuren hatten Lebensgröße. Um den Stall herum standen hohe Tannenbäume und über ihm schwebte ein Engel. Am Tag der heiligen drei Könige wurden deren Figuren hinzugestellt.

Sonntags nach der Nachmittagsandacht, die alle Kinder besuchten, durften wir ‹ans Krippele› gehen. Es kamen auch junge Mütter mit kleinen Kindern an der Hand oder auf dem Arm. Ehe man ans Krippele ging, machte man eine Kniebeuge. Dann zog man den Zehner aus der Tasche, den einem die Mutter mitgegeben hatte fürs arme Negerlein.

Vor dem Krippele auf dem Boden stand eine Gipsfigur, ein knieender kleiner Negerjunge mit gefalteten Händen. Er kniete auf einem Kästchen mit einem Schlitz. Wenn man den Zehner einwarf, nickte er mit dem Kopf.

In der Nachbarschaft wohnte nur ein Mädchen in meinem Alter. Sie war vor kurzem mit ihren Eltern aus der Stadt in unser Dorf gezogen, und sie wollten wieder wegziehen, sobald sie eine andere Wohnung gefunden hätten. Sie hatte keine Geschwister. Sie kam öfter zu mir, aber ich spielte nicht gern mit ihr.

Wenn wir stritten, ging sie zu meiner Mutter und sagte: «Frau Z., die Maria ist schon wieder nicht vernünftig.» Wenn meine Mutter mir ein Schmalzbrot schmierte und sie fragte, ob sie auch eines wolle, sagte sie: «Ja bitte, wenn ich eines haben kann.»

Lieber spielte ich mit Klaus, der uns schräg gegenüber wohnte. Im Garten hinter dem Hühnerstall lagen ausgedroschene Korngarben, und wir breiteten einiges Stroh aus, um Zigeuner zu spielen. Das war unser Lager. Klaus fand eine alte Blechbüchse, das war das Klo. Wir spielten «aufs Klo müssen» und gaben uns Mühe, den Strahl zurückzuhalten, um weiter spielen zu können. Wir versuchten, genau in die Büchse hinein zu pinkeln. Meine Mutter

kam in den Garten, um Schnittlauch oder Petersilie zu holen, als Klaus seinen Strahl zielte. Sie stürzte auf ihn zu und verdrosch ihn. Er hielt die Arme abwehrend über seinem Kopf zusammen. Dann gab sie ihm einen Stoß und schrie: «So, und jetzt gehst du heim und sagst es deiner Mutter.» Zu mir sagte sie: «Und du kommst rein, heut geht's nicht mehr raus.» Sie schubste mich vor sich her bis in die Küche und sprach kein Wort mehr mit mir. Ich wußte nicht, was geschehen war, und ahnte nur, daß wir etwas Verkehrtes gespielt hatten.
Am übernächsten Tag kam Klaus wieder. Meine Mutter fragte ihn: «Hast's deiner Mutter gesagt?» Er schüttelte den Kopf und verneinte, dabei hatte er ängstliche Augen.

Zweimal im Jahr wurde ich krank. Dann durfte ich im großen Bett bei meinen Eltern schlafen. Der Arzt sagte, es seien Wachstumsstörungen, und tatsächlich waren mir hinterher die Röcke zu kurz geworden. Meine Eltern sagten: «Jetzt ist sie wieder ein Stück geschossen.»
Ich konnte nicht schlafen. Sobald das Licht ausgemacht wurde, sah ich rings um mich formlose Gebilde, für die ich keine Bezeichnung hatte. Sie glichen am ehesten Steinen, denen ich zusah, wie sie in die Breite gingen und sich in die Höhe türmten. Ich stand zwischen ihnen und wurde gleichzeitig kleiner und kleiner. Sie wuchsen aber schneller, als ich schrumpfte, und waren nahe daran, mich zusammenzupressen. In diesem Moment schrie ich, und das Licht mußte angemacht werden.
Oder ich lag still im Bett und an mir wuchsen Beine, Arme und Bauch. Auch die Finger und Zehen wurden groß, sie blähten sich auf und gingen in die Breite. Sie wurden so breit, daß ich fürchtete, sie hätten nebeneinander keinen Platz mehr und würden weggesprengt. Mein Kopf wuchs nicht mit, und ich konnte nicht über meinen Körper sehen. Ich spürte nur, wie er ins Unermeßliche wuchs und ich keinerlei Kontrolle über ihn hatte.

Am Tag vor Fronleichnam räumte meine Mutter ihr Nähkörbchen aus. Es war ein weißes, ovales, geflochtenes Weidenkörbchen.

Unter dem oberen Rand entlang zog sie zum Schmuck ein hellblaues Seidenband durch. Mit zwei kleinen Schleifen band sie rechts und links eine längere, dünn gedrehte Kordel fest. Sie probierte die richtige Länge an mir aus. Wenn ich die Kordel um den Hals legte, mußte das Körbchen auf meinem Bauch hängen.
Gegen Abend durfte ich es im Garten mit Blütenköpfchen füllen, wir besprengten sie leicht mit Wasser und stellten das Körbchen über Nacht in den Keller, damit sie frisch blieben.
Am Morgen zog sie mir weiße Strümpfe an, bei schönem Wetter Kniestrümpfe, bei kühlem Wetter lange Baumwollstrümpfe, die mit Knöpfen an Gummistrippen am Leibchen befestigt waren, in das ich mit den Armen hineinschlüpfte und das auf dem Rücken zugeknöpft wurde. Es bedeckte gerade die Brust.
Dann holte sie mein rosa Sommersonntagskleidchen aus dem Schrank. Es hatte Puffärmel, einen angekräuselten weiten Rock und war auf der Brust gesmokt. Drehte ich mich schnell auf der Stelle, stand es ab wie ein gespannter Schirm, was mir sehr gefiel. Auf dem Kopf trug ich ein rundes Kränzchen, auf dem steife rosa Leinenblümchen befestigt waren. Zum Schluß hängte sie mir mein Blumenkörbchen um, faßte mich an der Hand, und wir gingen in die Kirche. Da das Körbchen beim Gehen vor meinem Bauch baumelte, hielt ich es mit der freien Hand fest.
Ich freute mich auf die Prozession, doch zuerst war Gottesdienst. Ich stand neben meiner knienden Mutter. Vor mich hin auf die Ablage für das Gebetbuch hatte ich das Körbchen gestellt. Ich ordnete meine Blumen zu einem schönen Muster. Ehe wir zur Prozession aufbrachen, teile ich sie in zwei Hälften ein. Die schönsten Blumen, dazu gehörten die fein duftenden Rosenblätter, legte ich auf die eine Seite, die weniger kostbaren auf die andere. Die wollte ich zuerst verwenden, die anderen wollte ich aufheben bis zum Schluß.
Dann zogen wir hinaus auf die Straße. Meine Mutter verließ die Bank und ordnete sich in eine Reihe ein. Jetzt faßte ich sie nicht mehr an. Ich ging neben ihr, mit einer Hand hielt ich das Körbchen fest, mit der anderen nahm ich eine Blume nach der anderen und bemühte mich, sie genau in die frei gebliebene Mitte zwischen den beiden parallel verlaufenden Bahnen von gehäckseltem Gras zu streuen, die auf dem Weg gezogen waren, auf dem die Prozession entlang führte.
Ich fand es feierlich und nahm meine Aufgabe ernst. Ich fand mich

wichtiger für die Prozession als die mich umgebenden Erwachsenen, die nur die Gebete mitsprachen und Lieder sangen.

Außer der Puppe Lola besaß ich noch ‹mein Bub›, eine kleine Zelluloidpuppe, der kurze Haare aufgemalt waren. Der Nachbarjunge hatte eine ähnliche Puppe, und unsere Mütter hatten ihnen die gleichen Höschen gehäkelt, meiner hatte ein grünes.
Die jüngere Schwester meiner Mutter aus H. war zu Besuch, und ehe sie heimfuhr, fragte sie mich, ob ich ihr etwas von meinen Spielsachen für meine Cousine mitgeben würde, sie hätte jetzt gar nichts mitzubringen und sie würde doch drauf warten. Sie war kleiner als ich.
Meine Tante wollte meinen Bub mitnehmen, «daß ich halt was in den Händen hab, wenn ich heimkomm», aber ich wollte mich nicht davon trennen. Sie sagte, es sei ja nur für den ersten Tag, dann würde sie ihn wieder verschwinden lassen, meine Cousine würde ihn bestimmt vergessen, sie würde ihn mir dann zurückschicken oder ich könnte ihn wiederhaben spätestens dann, wenn ich im Sommer mit meiner Mutter käme.
Sie hat ihn nicht geschickt. Bei unserem Besuch fand ich ihn auf dem Holzschopf. Das Zelluloid war verbeult, Arme und Beine fehlten. Ich stand vor ihm. Ich konnte nicht weinen und ich konnte ihn auch nicht anfassen. Ich sagte nichts, weder zu meiner Tante noch zu meiner Mutter.

An manchen Spätnachmittagen oder an frühen Abenden, ich glaube, nie im Winter, sah ich einen Mann oder einen jungen Burschen, der an einem kurzen Strick eine Kuh durchs Dorf führte. In der anderen Hand hielt er einen kleinen Stock. Manchmal bockte das Tier oder wollte zu schnell gehen, er stemmte sich dann mit seinem Körpergewicht dagegen oder schlug ihm mit dem kleinen Stock auf die Nase und auf die Stirn.
Meine Mutter sagte, die würden untersucht werden, mein Vater sagte: «Die gehn in den Farrenstall, warum hältst du immer hinter dem Berg?»
Ich wußte nicht, was dort mit den Tieren geschehen sollte, aber ich merkte, daß es sich nicht gehörte, nachzufragen.

Die Geschwister der Eltern halfen sich gegenseitig aus. Verwachsene Kleidungsstücke und Schuhe älterer Cousinen und Vettern wurden reihum an die Jüngeren weitergegeben. Eine Schwester meiner Mutter konnte nähen und verstand es, aus abgetragenen Mänteln oder Kleidern noch immer etwas für uns Kinder herzurichten. Sie war meine Patentante. Zu besonderen Anlässen, an Weihnachten oder zum Geburtstag, opferte sie ein Stück aus ihrem eigenen Kleiderschrank, und man bekam ein neues Kleidchen, das noch keine Cousine getragen hatte. Das war dann lange Zeit das Sonntagskleid.
Mein Vater nähte für die Buben Hosen aus ehemaligen Eisenbahnermänteln. Das Nähen hatte er von seinem Vater gelernt, der Schneider gewesen war, doch mit seinem Handwerk seine Familie nicht ernähren konnte.

Mein Großvater hatte einen Garten direkt hinter der Kirche gegenüber seinem Haus. Er züchtete Bienen, und in dem Garten stand sein Bienenhaus. Ich sah ihn dort hantieren, den Strohhut auf dem Kopf, mit einem herabfallenden dünnen Schleier über dem Gesicht. Manchmal mußte man ihn zum Essen holen. Er hatte die Zeit vergessen. Er saß im Bienenhaus und las Karl May.

Am ersten Schultag durfte ich meinen Lieblingspullover anziehen. Meine Mutter hatte ihn selbst gestrickt. Er war weinrot, und auf der Brust war eine Reihe weißer Herzchen eingearbeitet.
Im Klassenzimmer gab es drei Reihen von fest miteinander verbundenen Schülerpulten. Ich saß in der Fensterreihe in der zweiten Bank links. Die Fenster waren weit oben über meinem Kopf und selbst im Stehen konnte ich sie nicht erreichen. Aber wenn ich hinaufblickte, sah ich in die Kronen mächtiger Kastanien.
Die Lehrerin trug ein gelbes Kleid mit enganliegenden Ärmeln. Das Kleid war hochgeschlossen, und vom Stehbund bis weit unterhalb der Taille saßen in dichter Reihe kleine, mit demselben gelben Stoff bezogene Knöpfe, ebenso an den Ärmeln vom Handgelenk bis zur Hälfte des Unterarms. Ich dachte, bestimmt muß die morgens früh aufstehen, um mit all den Knöpfen fertig zu werden.
Am ersten Tag erzählte uns die Lehrerin das Märchen von Hänsel

und Gretel. Auf der Rückseite unserer Schiefertafel sollten wir zu Hause die Schnecken, Brezeln und Lebkuchen des Hexenhauses in die Rechenkästchen malen. Wir sollten die Tafel nur zur Hälfte füllen. Ich hätte gern auch die andere Hälfte ausgefüllt, aber das hatte sie nicht gesagt.

Zur Hofpause mußten sich die Schüler paarweise aufstellen. Die Lehrerin ging an der Spitze des Zugs und führte ihn hinaus. So zog eine Klasse nach der anderen aus der Schulhaustür.
Auf dem Schulhof wurden die Klassen hintereinander zu einer Schlange geordnet, die in einer Runde kreisen mußte. In der Mitte standen die Lehrer. Niemand durfte rennen, und wer es doch tat, wurde herausgegriffen und mußte bis zum Ende der Pause in der Mitte bei den Lehrern stehen, wo er von allen gesehen wurde.

Das Lesen sollten wir mit der Mutter oder dem Vater üben. Mein Vater sagte, ich könne es so gut, mit mir brauche man nicht zu üben. Aber ich hätte gerne wie andere Kinder zu Hause mit den Eltern gelernt.
Neue Texte las zuerst die Lehrerin vor, und dann kamen die guten Leser an die Reihe. Wenn jemand ins Stocken geriet und nicht weiter konnte, wurde ich aufgerufen. Ich las dann ebenfalls fehlerhaft und stockend, denn ich wollte nicht aufallen, indem ich besser las. Aber das tat ich nur bei den Kindern, die ich gern hatte.

Die Kinder schlugen sich häufig auf dem Nachhauseweg. «D'Fette» war ein stilles und sanftes Mädchen, das sich nicht wehrte.
In der letzten Stunde, wenn die Lehrerin mit dem Rücken zur Klasse stand, schlugen sich die Kinder unter Grimassen in schnellem Wechsel auf die rechte und linke Backe und deuteten dabei mit den Zeigefingern auf d'Fette. Nach der Schule wurde sie an verabredeten Plätzen, von denen einer ‹'s scharf Eck› hieß, überfallen, und sie wurde abgeschmiert. Ein Kind hängte sich von hinten an ihren Schulranzen, dann kamen die anderen hinzu und schlugen auf sie ein.
Einmal kam ihr Vater in den Unterricht, um mit der Lehrerin die

Schlägerei abzustellen. D'Fette wurde vor die Klasse geholt und sollte sagen, wer immer dabei war. Sie nannte keinen einzigen Namen. Dafür bekam sie zu Hause von ihrem Vater Schläge, weil er sich blamiert hatte.
Ich war manchmal dabei, wenn d'Fette abgeschmiert wurde, aber manchmal wurde ich selber verhauen. Man lachte mich aus, weil ich einen Bubenschulranzen hatte, er war noch von meinem älteren Bruder. Bei einem Bubenschulranzen bedeckte die Umschlagklappe die ganze Vorderseite, bei einem Mädchenschulranzen nur die Hälfte.
Oft kam ich verheult nach Hause und weinte meiner Mutter vor, daß ich gar nichts gemacht hätte, was auch stimmte. Sie sagte, ich solle nur immer auf dem schnellsten Weg heimgehen und nicht rechts und links gucken, dann würden sie mich schon in Ruhe lassen. Aber es half nichts. Schließlich sagte mein Vater: «Du bist selber groß und stark, du kannst dich wehren. Du mußt ihnen gegen das Schienbein treten, das tut weh, dann wird die Schweinerei schon aufhören.» Das tat ich, und nun wurde ich nicht mehr abgeschmiert.
Es gab einen Jungen, es war ein Metzgersohn, der nie verhauen wurde, selbst aber viel austeilte. Er war sehr angesehen, die Kinder biederten sich bei ihm an, und er wurde von allen der Mau-Mau genannt.

Alles hatte einen bestimmten Geruch. In der Schule roch es so, wie schon meine Hände und Arme gerochen hatten, wenn ich sie in der Kinderschul in den Emailleeimern gewaschen hatte. In der Küche roch es häufig nach heißem Schweineschmalz, der Fettdunst saß im Wollpullover und in den Haaren. Das kalte Fett, das in einem weißen, dicken Porzellantopf in der Speisekammer stand, roch nicht so intensiv.
Die Blütenblätter der Rosen dufteten fein. Ich pflückte welche ab und füllte sie in ein Marmeladenglas mit einem klein wenig Wasser. Das war mein Parfüm. Zum Rosenduft gehörten Kniestrümpfe und Spielen im Freien.
Ältere Frauen rochen so wie ältere Frauen riechen.
Bastelstunden im Unterricht vor Weihnachten rochen nach Uhu.
Das frisch bezogene Bett duftete nach klarem Wasser, Wind und

Sonne. Nach einiger Zeit roch es so wie mein Bett roch, wenn der Schlaf leicht kam.
Ganz kleine Kinder rochen süßlich und säuerlich zugleich.

Wir saßen oft auf dem Trottoir und spielten mit Kugeln, meine Mutter sagte ‹Märwel› dazu. Es gab verschiedene Regeln, nach denen man Murmeln gewinnen oder verlieren konnte. Ich bewahrte meine in einem gestreiften Stoffsäckchen auf, das meine Mutter genäht hatte, oben zog man es mit einem Bändel zu. Ich erinnere mich an kleine, erdfarbene Kugeln, von denen man viele besaß, sie waren aus Gips, den man angemalt hatte. Sprang ein Stück ab, schaute das Weiß hervor. Dann galten sie nicht mehr viel. Die wertvollen waren die Glaskugeln, sie waren größer und marmoriert.

Manchmal kam meine Mutter vorbei oder ein anderer Großer und sagte, ich solle mich anständig hinsetzen. Ich spielte im Knien weiter. Zu den Buben sagten sie so etwas nie.
Die Mädchen trugen Röcke und Kleider, und nur im Winter, wenn es kalt war, durften sie dunkelblaue Trainingshosen anziehen, die innen angerauht waren und am Gummizug an den Knöcheln abstanden. Darüber trugen sie den Rock oder das Kleid mit der Schürze.
Ich trug gerne Hosen und versuchte, den Tag so lange wie möglich hinauszuzögern, an dem sie wieder bis zum nächsten Winter im Schrank verschwanden. Zum Schlittenfahren am Nachmittag durfte ich auch den Rock ausziehen.
Eines Tages kauften meine Eltern mir eine Trikothose der Firma Bleyle. Sie war ebenfalls dunkelblau und sah so aus wie die Trainingshose, aber die Qualität sollte besser sein. «Da hat man letzten Endes doch mehr davon und da lohnt sich die größere Ausgabe», sagte meine Mutter. Außerdem kaufte man sie «noch etwas füllig, zum Reinwachsen». Ich konnte sie bis unter die Arme hochziehen.
Beim Kauf bekamen wir einen weiß lackierten Kleiderbügel geschenkt, auf dem war in schwarzen Lettern aufgedruckt: «Kein Flicken zu Hause». Auf der Rückseite stand: «Laßt die Jugend Bleyle tragen». Ich dachte, das müßte selbst meine Mutter davon

überzeugen, daß ich Hosen tragen müßte, wenn es auch andere sagten und sogar aufdrucken ließen. Aber sie meinte, das sei nur Geschäftemacherei und hätte weiter keine Bedeutung.

Ich stand in der Apotheke und wartete, bis ich an die Reihe kam. Ich las, was auf den Etiketten stand, die auf den Dosen, Tuben und Gläsern aufgeklebt waren. Auch schwierige Wörter versuchte ich herauszukriegen. Auf dem Ladentisch war ein Reklameschild aufgestellt, auf dem auf ein Mittel gegen Schwangerschaftsbeschwerden hingewiesen wurde. Zu Hause fragte ich meine Mutter, was Schwangerschaft sei. Sie sagte, ich hätte etwas Falsches gelesen, es heiße Schwagerschaft, und ein Schwager sei zum Beispiel der Mann ihrer Schwester. Ich war sicher, daß ich richtig gelesen hatte, und was sollten auch Schwagerschaftsbeschwerden sein? Aber ich fragte nicht weiter, denn ich spürte, das war etwas, ‹was man erst später versteht›, wie sie immer sagten.

Nach dem Kriegsende waren Flüchtlinge aus dem Osten gekommen. Manche hatte es auch in unser Dorf verschlagen. Zum Teil kamen sie aus dem Landesaufnahmelager aus der nahen Kreisstadt. Wir bekamen eine Neue in die Klasse. Sie hieß Anne Bleumortier, vermutlich waren ihre Vorfahren Hugenotten gewesen, aber ich weiß es nicht. Sie stellte sich vor und sprach ihren Namen französisch aus. Die Kinder hatten gesehen, wie sie ihren Namen schrieb, und fragten immer: «Wie haisch du?» Sagte sie ihren Namen, riefen sie: «Uh, die haist jo gar net Blömortjé, die haist doch Bloi-mor-tier, die will bloß ebbes Besseres sei.»

War ich morgens so zeitig wach, daß meine Eltern noch nicht aufgestanden waren, ging ich zu ihnen ins Bett. Sie gaben mir von ihren Decken ab, und ich durfte im ‹Gräbele› liegen, da, wo die Matratzen der beiden Ehebetten zusammenstießen, oder mein Vater erlaubte mir auch, zu ihm ins Bett zu kommen, weil die Mutter sich noch einmal umdrehen wollte.

Über meinem Kopf sah ich das riesengroße Schlafzimmerbild, das so breit wie die beiden nebeneinanderstehenden Betten war. Ähnliche Bilder hingen in allen Schlafzimmern, die ich schon gesehen hatte.

Ein dicker Strick führte von einem Nagel weg zur Hinterseite des Bildes hin, unten lag der goldene, wulstige Rahmen auf zwei starken Haken. So hing es schräg von der Wand weg über meinem Kopf, halb von einem Himmel ausgefüllt, der sich über mir auftat.

Die Mutter Gottes, die nur mit dem Oberkörper abgebildet war, hielt die eine Hand aufs Herz, den Arm, auf dem sie den Jesusknaben trug, streckte sie aus.

Der Jesusknabe war groß, dick und nackt, nur zwischen seinen Beinen wand sich ein geschlungenes weißes Tuch, das noch ein wenig den Bauch bedeckte. Er ging nach vorne, hervor aus dem Arm der Gottesmutter, so, als zöge er aus dem Bild hinaus.

Ich dachte an das, was wir in der Schule gelernt hatten: «Ich bin der Herr, dein Gott, du sollst keine fremden Götter neben mir haben.» Ich mußte Gott mehr lieben als alles auf der Welt, auch mehr als die Menschen. Ich mußte ihm unbedingt gehorsam sein und seinen Willen erfüllen, den er mir durch seine Gebote kundtat, selbst dann, wenn die Menschen etwas anderes von mir verlangten und seien es selbst die Eltern.

Unter diesem Bild hatte ich Ängste, denn ich hatte meinen Vater lieber. Jener Gott machte mir innen nicht dasselbe Gefühl, das ich für meinen Vater spürte, und ich empfand es als Schuld, daß ich seiner Forderung nach absoluter Liebe nicht nachkam. Andererseits hätte ich es als Verrat an meinem Vater betrachtet, wenn ich ihm auch nur ein bißchen von der Liebe, die ich für ihn verspürte, weggenommen hätte, um sie Gott zuzuteilen.

Oft fragte ich meinen Vater, ob das Bild auch wirklich fest an der Wand angebracht sei, es neigte sich bedrohlich über meinem Kopf nach unten, und ich fürchtete, es könnte auf mich fallen und mich erschlagen, denn Gott konnte ich nichts verheimlichen, er konnte mir ins Herz hineinsehen.

«Ein Auge gibt's, das alles sieht, auch was bei dunkler Nacht geschieht.»

Meine Eltern saßen am Küchentisch und blätterten in einem dünnen Buch. Mit dem Finger gingen sie eine Liste durch. «Bruno, das wär doch ein schöner Name», sagte mein Vater. Meine Mutter war mehr für Rudi. «Aber wenn du meinst, wenn's ein Bub ist, mir ist auch Bruno recht.»
Ich fragte nichts. Ich ahnte einen Zusammenhang zwischen dem Bruno und dem Magenweh meiner Mutter, wegen dem sie zweimal wöchentlich zu Dr. Schönherr in E. fuhr.
Eines Tages war sie nicht zu Hause, mein Vater sagte, sie wär im Krankenhaus wegen ihrem Magenweh, aber sie dürfe bestimmt bald wieder heim. Tags darauf kam unsere Nachbarin: «He, Kurt, isch wohr, ihr hen e Maidel?» Ich stand dabei, ich verstand nichts, ich sah meinen Vater an. Da sagte die Nachbarin: «E Schweschterle hasch.» Ich weinte.

Mein Vater wollte am Nachmittag mit mir in die Klinik fahren. Er gab mir Geld, und ich kaufte rosa Garn. Mit Luftmaschen häkelte ich eine lange Schnur, daran hängte ich einen Schnuller. Ich wollte meinem Schwesterchen etwas mitbringen.
In die Klinik wollte man mich nicht hineinlassen. Weil ich weinte, die rosa Kordel mit dem Schnuller in der Hand, nahm mich die Schwester mit, und ich durfte ins Bettchen meiner Schwester schauen. Sie hatte ein Heftpflaster am Händchen, auf dem etwas stand. Sie schaute mich nicht an.
Mein Geschenk mußte ich wieder mit nach Hause nehmen. Auch meine Mutter durfte ich nicht sehen. Ich wartete auf dem Flur auf meinen Vater.

Wir hielten uns nur in der Küche auf, so wie alle anderen Leute auch. Erst als die Fernsehapparate auch in die dörflichen Wohnzimmer kamen, begannen sich die Familien regelmäßig am Abend im Wohnzimmer zu versammeln, und man heizte auch dort.
In der Küche stand ein Kohlenherd, und in kalten Wintern legte man vor dem Schlafengehen noch zwei, drei Briketts auf, eingewickelt in feuchtes Zeitungspapier, dann war das Aufheizen morgens leichter.
Abends trugen wir Hausschuhe. Wir stellten sie vorher auf die geöffnete Backofentür, um sie anzuwärmen. Der Fußboden im

Haus war ausgetreten, und die Türen schlossen nicht dicht. Am Boden zog überall kalte Luft entlang. Mein Vater nähte lange Schläuche, die mit alten Lumpen gefüllt waren, und legte sie vor die Türritzen. Trotzdem kroch die Kälte von unten an den Beinen hoch, und mir war oft kalt bis zu den Knien. Dann nahm ich mir einen Stuhl, setzte mich vor den Ofen und streckte die Beine ein Stück weit in die Backröhre hinein.
Die Schlafzimmer waren ungeheizt. Wenn man eintrat, konnte man kleine Dampfwölkchen ausatmen. Die Betten waren klamm und fühlten sich, ehe man sie richtig warm bekam, etwas feucht an. Am frühen Abend stellte man die Bettflaschen mit abgeschraubten Deckeln auf den Ofen. Wenn sie heiß waren, legte man sie ins Bett. Nach einer Weile gingen meine Mutter oder ich an die Betten und verrückten die Bettflaschen ein Stück tiefer. Mir wurde nur langsam warm, und zuerst lag ich eine Weile mit angezogenen Beinen auf der vorgewärmten Stelle. Dann kämpfte ich mich Stück um Stück weiter nach unten, indem ich die Bettflasche immer etwas weiterschob. Sie war so heiß, daß ich die Füße nur ganz kurz daran halten konnte und sofort wieder wegziehen mußte. Ich wünschte mir immer einen Schlafanzug, der innen mit Kaninchenfell ausgefüttert sein sollte.
Am Morgen wuschen wir uns in der Küche, wir hatten noch kein Bad, es wurde später erst angebaut. Deshalb nahmen wir das Wasser aus den Bettflaschen, das noch warm war, und schütteten es ins Waschlavor. Das Wasser im Wasserschiff des Herds war nicht warm genug, weil das Feuer noch nicht richtig brannte. Während ich mich wusch, drückte meine Mutter die Unterwäsche seitlich an den Ofen, um sie vorzuwärmen. Dann gab es Milchkaffee und Marmeladenbrot und ich ging zur Schule.

Ich war fast acht Jahre alt, als meine Schwester zur Welt kam. Sie sah lange Zeit sehr häßlich aus, ihr Kopf war übersät mit Schuppen, die Haut war verkrustet und löste sich ab. «Das kommt noch alles von den Spritzen her, die ich bekommen hab, als ich noch mit ihr ging», sagte meine Mutter. Ich habe meiner Schwester nach dem Baden mit Watte und Öl den Kopf abgetupft und ihr sanft mit einer kleinen Bürste über die Härchen gestrichen. Ich freute mich, wenn ich wieder eine Stelle am Kopf entdeckte, an der die durchschimmernde Haut gesund aussah.

Das Kind kränkelte vom ersten Tag an. Es konnte nicht gestillt und auch nicht mit der Flasche ernährt werden, weil es nicht saugen wollte. Meine Mutter flößte ihm mit dem Kaffeelöffel ein paar Tropfen Milch ein. Das Kind behielt sie nur kurze Zeit bei sich, dann spuckte es alles wieder aus. Meine Mutter mußte sich eine andere Schürze anziehen, und das Kind bekam ein frisches Kittelchen an. Währenddessen nahm es mein Vater auf. Dann flößte ihm meine Mutter wieder ein paar Tröpfchen Milch ein. Sobald man es hinlegte, schrie es und fand keinen Schlaf.
Wir saßen an seinem Bettchen, sprachen ruhig auf es ein und streichelten ihm über den ganzen Körper. Es schrie oft ein bis zwei Stunden, bis es vor Erschöpfung schließlich einschlief. Dann waren wir alle ganz leise und konnten nur noch gedämpft miteinander sprechen, denn beim geringsten Geräusch, wenn etwa meiner Mutter im Dunkeln beim Ausziehn die Schürze auf die Erde fiel und mit dem Knopf auftraf, schreckte es auf und schrie von neuem.

Meine Mutter ging mit dem Kind zu den Ärzten in den benachbarten Städten, zu Kinderärzten und Homöopathen. Häufig war es so schwach, daß wir mit einem Taxi fahren mußten. Ich war dabei und trug die Einkaufstasche. Meine Mutter hatte Frotteehandtücher hineingepackt, weil das Kind sich so oft erbrach und nichts beschmutzt werden sollte.

Der Stubenwagen stand in der Küche. Frau Wolter kam zu uns und brachte frische Kuhmilch, die noch warm war. Sie hatte ihre Kinder, die nie krank waren, alle mit Kuhmilch aufgezogen. Aber meine Schwester vertrug sie nicht. Frau Wolter beugte sich über das Körbchen, wiegte den Kopf, drehte ihre Hand mit halbgespreizten Fingern langsam im Handgelenk und sagte: «Wenn sie's übersteht, wenn sie's übersteht, dann übertrumpft sie noch die andere.» Meine Mutter sagte langsam: «Meine Sie?»
Sie weinte viel. Sie saß am Küchentisch, die Ellbogen aufgestützt, die Brille lag vor ihr und das bereits nasse und zerknüllte Taschentuch. In ihrer rechten Hand hielt sie verkrampft ein anderes, sie mußte sich oft schneuzen und hatte ganz rote Augen. Oft sagte

sie, manchmal auch mein Vater: «Ich weiß nicht, ob sie morgen noch mitmachen wird.» Das Wort ‹sterben› oder ‹Tod› nahm niemand in den Mund. Nur ich flehte oft meine Mutter an: «Mutti, gell, mein Schwesterchen muß nicht sterben.»
In den Briefen der Verwandten stand, daß sie immer das Kind in ihr Gebet einschlössen.
Im Dorf gab es Leute, einzelne, die glaubten, daß manche alten Weiber hexen könnten. Meine Mutter glaubte nicht daran, aber da das Kind so elend war und nichts half und sie sich keinen Rat mehr wußte, fragte sie eines Tages doch meinen Vater: «Glaubst du nicht, daß es doch vielleicht sein könnte, daß das Kind verhext ist?» Mein Vater sagte: «Ach, laß doch deinen Geist ruhn, das ist doch altes Weibergeschwätz, das gibt's doch nicht.»
Eines Tages schickte sie mich zum Pfarrer. Ich sollte ihn fragen, ob Leute hexen könnten. Ich mußte ihr vorher versprechen, nichts dem Vater zu sagen. Der Pfarrer meinte, es gäbe wohl böse Menschen, aber hexen könne niemand.

Ich sah, daß meine Mutter sehr unglücklich war. Das hat mich bedrückt, und ich war häufig traurig. Manchmal gab ich mir abends Mühe, wenn das Bett warm wurde und die Schläfrigkeit kam, nicht einzuschlafen. Ich wartete, bis ich ein ganz warmes Bett hatte, dann stand ich auf und kniete mich im Nachthemd auf den kalten Fußboden. Im Winter war das Fenster übersät mit dicken Eisblumen. Ich betete: «Lieber Gott, mach doch mein Schwesterchen gesund, daß Mutti wieder fröhlich wird.»

Meine Schwester saß neben meiner Mutter am Herd auf einem Fußschemelchen. Vor ihr stand ein Hocker, auf dem die alte Hausbibel lag oder ein ausgedientes Tapetenbuch, das meine Mutter aufgetrieben hatte. Sie blätterte Blatt für Blatt um. Zwischen die Seiten hatte meine Mutter winzige Scheibchen Schokolade, in Staniolpapier eingewickelt, versteckt, nach denen sie suchte.
Das Kind gab eine halbe Stunde Ruhe. «Ich glaub, jetzt hab ich was für sie gefunden», sagte meine Mutter erleichtert, so als habe sie eine Erfindung gemacht. Aber bald verlor sich das Interesse.

Das Kind war bis zu seinem sechsten Lebensjahr kränklich. Es mußte herumgetragen werden oder saß bei einem von uns auf

dem Schoß, selbst bei Tisch. Sogar beim Kochen hielt es meine Mutter auf dem Arm.
An den Tagen, an denen es ihm besser ging, blieb es für kurze Zeit allein an einem Tischchen sitzen, es mußte aber immer jemand von uns in Sichtweite sein. Es spielte kaum und gab oft einen weinerlichen Singsang von sich. «Das Kind läßt immer 's Köpfchen hängen, wie 'ne verwelkte Blume» sagte meine Mutter. Das sagte sie betrübt und so voller Schmerz, daß es mir weh tat.

Ich erinnere mich nicht mehr, ob zuerst meine Großmutter oder mein Großvater starb. Ich weiß nur noch, daß meine Mutter immer schwarze Kleider trug seit der ersten Todesnachricht. Als nach ein paar Jahren auch die zweite eintraf, hatte sie sie noch nicht abgelegt. Jetzt mußte sie die Trauerkleider noch länger tragen.
Ich fand, meine Mutter sah so alt wie die Frauen aus, die ich auf dem Friedhof vor den Gräbern auf kleinen Bänkchen hocken sah. Besonders die schwarzen Strümpfe konnte ich nicht leiden. Ich fand sie fast eklig, das Weiß der Haut schimmerte durch.
Irgend jemand sagte einmal zu ihr, jetzt könne sie doch wieder langsam daran denken, andere Kleider anzuziehen, das Trauerjahr sei doch längst vorbei. «Und immer die dunklen Farben», das sei doch auch nichts für die Kinderle. Da sagte sie: «Ich bring's nicht übers Herz. Es waren doch meine Eltern.»

Im Sommer vor der Ernte, ehe die Männer mit den Sensen kamen und mähten, leuchteten in den Feldern die Kornblumen und der Klatschmohn. Ich habe oft Sträuße geholt, aber ich fand es schade, daß der Klatschmohn so viel schneller die Blütenblätter fallen ließ. Da sie zur gleichen Zeit blühten, meinte ich, sie gehörten zusammen, wie Geschwister.

Hatte meine Mutter einen Gegenstand verlegt und konnte sie ihn nicht finden, ihre Schere zum Beispiel, so beteten wir zum heili-

gen Antonius. Fand sie ihn schließlich, sagte sie, der heilige Antonius habe sie hingeführt, er habe ihr noch immer geholfen.
Mich erstaunte es, daß der Heilige sie für ein Gebet zur Schere hinführte oder zu einem verlegten Bleistift. Hatte ich etwas von ihren Sachen genommen und nicht auf seinen Platz zurückgebracht, wo es hingehörte, so daß sie es dort nicht vorfand, dann zeterte sie und sagte: «Ein jedes Ding an seinen Ort, erspart viel Müh und manch bös Wort.»

Manchmal, wenn ich ‹nicht brav› war, wurde ich für meine Mutter Luft. Sie sah mich nicht mehr, sie hörte mich nicht mehr, sie sprach nicht mehr mit mir.
Wenn ich ihr im Weg stand, strich sie an mir vorbei. Auf ihrem Gesicht, das an mir vorbeiblickte, lag alles Leid, das ich ihr angetan hatte. Höchstens sagte sie einmal: «Mir blutet das Herz, du bringst mich noch ins Grab, aber dann brauchst du nicht hinstehen und Tränen vergießen, du hast's selber soweit kommen lassen.»
Ich heulte und verkroch mich aufs Sofa in das Eck zwischen Küchenschrank und Wand, wo ich manchmal abends saß, wenn mir mein Vater Geschichten erzählte. Ich lief hinter ihr her und bettelte: «Muttile, hau mich doch lieber, aber sag doch wieder was, bitte, bitte.» Ich bat meinen Vater: «Papa, sag du doch der Mutti, daß sie wieder gut sein soll.» «Du mußt es ihr selber sagen.» «Aber Papa, sie horcht doch gar nicht mehr auf mich.»
Manchmal mußte ich schlafen gehen, ohne daß sie gesprochen hatte. Im Bett fühlte ich mich sehr allein und verlassen. Ich stellte mir vor, daß ich in der Klinik nach der Geburt aus Versehen vertauscht worden wäre und irgendwo eine Mutter hätte, die sich nach mir sehnte und die mich eines Tages finden würde. Dann bereitete mir der Konflikt Qualen, was mit der einen Mutter geschehen sollte, die ich ja auch lieb hatte, wenn die andere auftauchte.
In den folgenden Tagen trocknete ich freiwillig das Geschirr ab, putzte die Schuhe für alle, wusch die Socken meines Vaters in einem kleinen Bottich, was sonst meine Mutter tat. Ich bat sie nicht mehr, sondern litt stumm vor mich hin und hoffte, durch meine selbst auferlegten Bußen wieder in ihre Gunst zu kommen.

Schweigend standen wir nebeneinander am Spülstein, und ich wartete auf ein Wort wie auf die Erlösung. Ich stellte mir vor, ich wäre selber groß und hätte zwei Kinder, ich dachte an einen Jungen und ein Mädchen. Das Mädchen sollte lange flatternde Haare haben. Ich würde die Kinder sehr lieb haben, wir würden spielen und ständig lachen. Ich sah mich dabei nicht als Erwachsenen, sondern als Kind, ohne daß mir auffiel, daß ich dann nicht die Mutter sein könnte.
Meistens löste sich der Bann nach zwei oder drei Tagen ganz beiläufig, wenn eine Nachbarin kam. Ich mischte mich leise ins Gespräch ein, und dadurch, daß die Fremde, die von unserem Hader nichts wußte, mich einbezog, löste sich auch die Zunge meiner Mutter.
Aber hinterher ging ich noch vorsichtig mit ihr um, wie mit einem Rekonvaleszenten, den man mit den eigenen Nöten nicht belastet. Ich wagte nicht, ein erlösendes Gespräch anzufangen. Hätte sie mich in den Arm genommen, wäre ich zusammengebrochen. Ich war froh, daß sie ja oder nein sagte, wenn ich fragte, ob ich den Tisch decken solle.

An meinem neunten Geburtstag bekam ich ein Poesiealbum geschenkt. Mit steiler, spitzer Schrift in deutschen Buchstaben, die mich immer ans Alte Testament erinnerte, schrieb mir mein Vater hinein:

Zum steten Gedenken!

O, gräme nie ein Menschenherz,
Der Gram geht bis aufs Blut,
Und all den Kummer, all den Schmerz
Machst du nie wieder gut.

Er mußte es mir vorlesen, denn ich konnte die deutsche Schrift nicht entziffern.
Aufs Blatt dahinter schrieb meine Mutter mit steifen Buchstaben, sie setzte jeden Buchstaben einzeln hin, auch sonst, wenn sie irgend etwas schrieb:

Zur Erinnerung!

Liebe das Mutterherz
Solange es schlägt,
Denn wenn es gebrochen ist,
Ist es zu spät.

Irgendwann einmal fragte ich sie: «Hast du mich auch lieb?» Sie sagte: «Alle Eltern haben ihre Kinder gern.» Ich faßte es auf wie eine Regel, die auch meine Mutter befolgte, und nahm mir vor, daran zu glauben, so wie man glaubt, daß es den lieben Gott gibt.

Im Dorf gab es ein flachgestrecktes, langes Haus. Man konnte fast ans Dach fassen. Davor trafen sich die Jugendlichen. Manche hatten ein Fahrrad dabei, und ein Bein war über die Lenkstange gelegt, oder sie hockten auf den Gepäckträgern und balancierten das Rad zwischen den Beinen im Stillstand. Am Wochenende wurden in diesem Haus Filme vorgeführt. Im Schaukasten hingen Fotos, und die Anfangszeiten waren angeschlagen.
Ich war ganz selten im Kino, aber ins «Frühlingslied» durfte ich, und das «Rosenresli» habe ich auch gesehen. Weil in den Filmen Kinder mitspielten, dachten meine Eltern, es sei was für mich. Als es «Sissi» gab, habe ich sogar meinen alten Lehrer im Kino gesehen. Meine Eltern gingen nie ins Kino.

Meine Mutter saß mit Frau Wißler zusammen in der Küche. Sie sprachen geheimnisvoll, wechselten Blicke und versicherten sich mit Seitenblicken, daß ich nicht zuhörte. Ich hockte am Boden, spielte und horchte weg. Am Sonntag sollte der Film «Eva und der Frauenarzt» gezeigt werden. «Das wär bestimmt lehrreich», meinte meine Mutter, und Frau Wißler meinte, «mich tät's auch arg interessieren!» Aber sie waren sich nicht so recht einig, ob man so was einfach anschauen und ob man da einfach hingehen könne.

Eines Winters gab es viel Schnee. Mein Vater hat mir einen großen Schneemann gebaut im Hof. Meine Mutter rückte einen ihrer Kochtöpfe heraus, einen, den sie selten benutzte.

Wenn es in der Nacht geschneit hatte, stand mein Vater morgens sehr früh auf, noch bevor die ersten Arbeiter zum Zug gingen. «Wenn einer ausrutscht und bricht sich's Bein, müssen wir das bezahlen.» Er schaufelte einen Gehweg frei, mit der kalten Asche aus dem Küchenherd streute er dann.
Andere waren auch schon draußen im Dunkeln. Im Winter waren es die ersten Geräusche am Morgen, wenn ich noch im Bett lag.

Ein- oder zweimal im Jahr kam Frau Blum, eine Schneiderin aus K., zu uns und fragte, ob wir sie brauchten. Aus einem Blumenrock meiner Mutter bekam ich ein Sommerkleidchen und aus ehemaliger Eisenbahnerkleidung ein Mäntelchen. Besonders die Mäntel zog ich ungern an, sie machten mich am Hals und an den Armen unbeweglich, und ich sagte immer: «Die bollen.»
Manchmal kam Frau Blum am nächsten oder übernächsten Tag noch einmal. Sie bekam Frühstück, Mittagessen und ein Vesper. Je nach Jahreszeit konnte sie Obst und Gemüse mit nach Haus nehmen und erhielt zusätzlich noch etwas Geld. Mein Vater saß in der Küche mit dabei. Er half den Frauen beim Auftrennen alter Kleidungsstücke, beim Dämpfen und Ausziehen der Reihfäden.

Mir konnte kein Kleid beim Anprobieren über den Kopf gezogen werden. Ich schrie: «Luft, Luft, ich krieg keine Luft.» Man mußte es sofort wieder ausziehen, weil ich tobte. Ich meinte jedesmal zu ersticken. Frau Blum mußte alles so richten, daß ich mit den Beinen hineinsteigen konnte. «Aber dann sieht's nicht so schick aus», meinte sie, «willst du denn nicht schick aussehen?»

Im Schlafzimmer meiner Eltern stand die Waschkommode. Es war ein modernes Möbel, das sie erst später gekauft hatten. Auf der Waschkommode war ein Spiegel befestigt. Er bestand aus einem großen Rechteck in der Mitte und beweglichen Flügeln rechts und links, die man gegeneinander klappen konnte. Während meine Mutter die Betten machte, spielte ich mit dem Spiegel. Ich klappte die Flügel gegeneinander, so daß mein Gesicht vielfach gespiegelt wurde und ich es in den verschiedensten Positionen betrachten

konnte. Ich schnitt Grimassen, dann fand ich das Spiel noch lustiger.
Plötzlich, eines Tages, sah ich nicht mich im Spiegel, sondern das Spiegelbild sah mich an. Ich sah mir aus dem Spiegel entgegen in die Leere, wo ich stand. Ich erstarrte unter dem Blick für einen Moment. Mir war, als würde mich eine Unbekannte mit fremdem Gesicht ansehen, und ich erkannte zum erstenmal, daß es mein eigenes war. Ich schaute verwundert in den Spiegel, wieder und wieder. Ich berührte mein Gesicht mit den Händen und begriff, daß es mich gab.

Viele Leute im Dorf hatten Katzen, auch Günthers Oma. Mit ihm ging ich oft zu ihr. Die Katzen fühlten sich weich und warm an. Sie bekamen Junge, ein ganzes Nest voll. Die Oma versprach, mir eines zu schenken, sobald man es der Alten wegnehmen konnte. Ich lief aufgeregt nach Hause.
«Mir kommt keine Katze ins Haus. Die scheißen einem überall hin und das stinkt. Nichts stinkt so arg wie Katzendreck. Überall, wo man hinlangt, hat man Katzendreck an den Fingern. Das geht überhaupt nicht mehr ab. Den Geruch kriegt man nicht mehr aus der Nase», sagte meine Mutter.
Mein Vater hätte es erlaubt, aber er meinte: «Wenn's d'Mutti halt nicht will.»
Hin und wieder kam der Hoffmann zu uns, ein ehemaliger Arbeitskollege meines Vaters. Man saß am Küchentisch und erzählte von früher, der senfgelbe Mostkrug mit den schwarzen Querstreifen stand auf dem Tisch. Ich mußte in den Keller, um neuen Most zu holen. Wenn ich ein paarmal im Keller gewesen war, fing der Hoffmann an zu singen: «Schön ist die Jugend, sie kommt nicht wieder, schön ist die Jugendzeit, sie kommt nicht mehr.»
Der Hoffmann brachte mir eines Tages ein Meerschweinchen mit, er zog es aus seiner Rocktasche. Jetzt mochte ich ihn fast. Das Meerschweinchen war einmal da, und meine Mutter konnte nichts mehr einwenden.
Mein Vater holte eine alte Hasenkiste herbei, wir hatten schon lange keine Hasen mehr.
Ich stellte das Meerschweinchen auf den Vorplatz, wo die kleine Treppe in den Hof hinunterführte, gab ihm zu fressen und machte

ihm sein Kistchen sauber. Oft habe ich es herumgetragen und mit ihm gesprochen. Es war fast wie ein Kätzchen, nur spielen konnte es nicht so nett.
Eines Morgens war die Kiste leer. Die Eltern sagten, es sei in der Nacht gestorben. Ich fühlte, daß sie dabei merkwürdig waren. Das Meerschweinchen war nicht krank gewesen, und jung war es auch noch.
Nach einigen Tagen kam der Hoffmann wieder. Er fragte, wieso wir ihm das Meerschweinchen wieder in den Stall gesetzt hätten, er hätte es beim Füttern gefunden. Ich sagte nichts und ging aus der Küche hinaus.

Sonntags nach dem Mittagessen wurde das Geschirr abgeräumt, gespült und aufgeräumt. Die Küche wurde ausgefegt und manchmal noch einmal geblockt. Eine Tischdecke wurde aufgelegt.
Eine halbe Stunde vor der Nachmittagsandacht läuteten die Glokken zum erstenmal, wenn sie zum zweitenmal läuteten, eine Viertelstunde vor Beginn, machten sich meine Mutter und ich auf den Weg. «Jetzt hat's zusammengeläutet», sagte man.
In den vorderen Kirchenbänken auf der linken Seite saßen bereits die schulentlassenen Mädchen. Sie waren seit einer halben Stunde da, denn sie waren vorher in der Christenlehre gewesen, die der Pfarrer abhielt.
Mein Vater ging zu Hause im Garten auf und ab, er hatte das Kind auf dem Arm und schaute nach seinen Bäumen. Wenn wir zurück waren, ging er auf den Sportplatz, und meine Mutter las das Konradsblatt, das zum Wochenende von einer Frau von Haus zu Haus getragen wurde, die meisten im Dorf waren katholisch.
Mein Vater hatte mit meiner Mutter vorher den Weg ausgemacht, auf dem er zurückkommen würde, wir gingen ihm entgegen und machten gemeinsam die Runde, die zu jedem Sonntag gehörte und die uns auf einem unabänderlichen Wege über unsere Felder führte.
Mein Vater hatte im Lauf der Jahre viele Bäume gepflanzt, fast jedes Jahr fand er Lücken, in die ein Baum gehörte. Nun schaute er, wie sie sich entwickelten und ob sie bald tragen würden. Im Frühjahr stellte er nach der Baumblüte Prognosen für die Ernte im Herbst. «Wenn nicht noch ein Unwetter kommt, gibt's dies Jahr

schön», sagte er, während er um den Baum herumging, den Kopf zurückgelegt in den Nacken. Im Sommer beurteilte er die kleinen, grünen Früchte, und im Spätsommer schaute er nach Ästen, die abgestützt werden mußten, und wann das Obst zur Ernte reif sei. Die Eltern trugen auf dem Spaziergang abwechselnd meine Schwester. Sie mußten oft wegen mir stehenbleiben. Ich zog Schuh und Strumpf aus, um die Erde auszuschütten, die hineingekommen war und mir zwischen den Zehen rieb.
Auf dem Heimweg, der auf dem letzten Stück über eine asphaltierte Straße führte, brannten mir die Fußsohlen. Manchmal durfte ich mir im Dorf ein Eis kaufen, ich leckte es langsam und paßte auf, daß nichts über die Waffel tropfte und auf die Erde fiel.
Zu Hause wurde gevespert.

Als meine Schwester zwei Jahre alt war, bekam sie Scharlach. Ich durfte nur noch bis ans Hoftor gehen, aber nicht auf die Straße, und die Kinder durften nicht zu mir kommen. Wochenlang besuchte ich nicht die Schule.
Nach ihrer Krankheit konnte sie nicht mehr gehen und nicht mehr laufen. Sie mußte es noch einmal lernen wie ein ganz kleines Kind. Ich habe sie durch die Küche geschleppt, indem ich sie unter den Armen anfaßte und sie behutsam vor mir herschob. Dabei wiegte ich sie langsam im Rhythmus meines Schritts, sie setzte zögernd einen Fuß vor den andern im gleichen Takt. Aber man durfte sie nicht loslassen.
Um sie wieder aufzupäppeln, kaufte meine Mutter Bananen und Orangen. In einer Glaspresse drückte sie die Orangen aus, das Kind trank nur den Saft. Ich aß das ausgepreßte Fruchtfleisch der halbierten Früchte. Orangen waren etwas Besonderes.
Ich stand neben meiner Mutter, wenn sie die Orangen auspreßte, und einmal sagte ich zu ihr, daß ich auch gern eine hätte. Sie sagte: «Die sind für das Kleine, wir müssen sie für es aufheben, du brauchst doch keine, du bist doch gesund. Sonst würden wir ja auch keine kaufen.» Ich sagte: «Aber Mutti, schmecken tät's mir auch.»

Wenn es viele Äpfel gab, blieb zu Hause alle Arbeit liegen, auch das Geschirr wurde erst abends gespült, man ging sofort nach dem Mittagessen aufs Feld. Mein Vater schraubte den Erdbeerkarch ans Fahrrad. Er stapelte hohe, runde, braune Weidenkörbe, die mein Großvater aus H. noch selbst zu flechten verstand, ineinander und lud sie auf. Dann legte er Säcke, eine alte Zeltplane und Decken hinein. Ich wurde in den Karren neben die Körbe gesetzt. Die Leiter hatte mein Vater schon tags zuvor oder morgens aufs Feld gefahren.

Der Erdbeerkarch war aus massiven Holzlatten gezimmert, und ich mußte aufpassen, daß mir die Füße nicht durch die Zwischenräume nach unten rutschten. Ich streckte die Beine von mir oder hockte sie leicht an und stellte die Füße auf eine Latte. Ich konnte mich nicht an die Seite anlehnen, weil ich sonst ins Rad gekommen wäre. Der Karch hatte rechts und links große Speichenräder, die über die Einfassung des Wagens hochstanden. Ich sollte immer in der Mitte sitzen, weil sich dann das Gewicht am besten verteile, sagte mein Vater, und er nicht so strampeln müsse. Meine Mutter fuhr mit ihrem Fahrrad hinterher.

Die Mostäpfel konnten geschüttelt werden. Mein Vater breitete die Planen und die alten Decken unter einem Baum aus. Dann stieg er in den Baum hinauf. Ehe er zu schütteln begann, warnte er uns, wir sollten auf unsere Köpfe aufpassen. Die Äpfel prasselten herunter, und wir lasen sie auf. Ich hatte ein kleines Körbchen und beharrte darauf, einen der großen Körbe selber aufzufüllen, ich wählte mir stets einen noch gut erhaltenen aus, das war dann meiner. Ich wollte nicht, daß die Eltern etwas in meinen Korb taten.

Viele Äpfel waren aufgeschlagen, und nach kurzer Zeit bekam man klebrige Hände. Ich hatte Angst vor den Hornissen und Wespen, die sich auf die Äpfel gesetzt hatten, wenn ich beim Einsammeln zugriff. Dann zog man zum nächsten Baum. Waren ein paar Säcke und Körbe gefüllt, lud sie mein Vater in den Karch, um sie heimzufahren, weil auf einmal nicht alles Platz gefunden hätte. Jetzt durfte ich nicht mitfahren, denn an leichten Steigungen mußte er selber absteigen und schieben. Ich blieb bei meiner Mutter. Als ich größer war, wurde ich mitgeschickt, um ihm beim Schieben zu helfen.

Später, als meine kleine Schwester da war, mußte ich auf sie aufpassen, das war mir lieber. Ich trug sie den Acker auf und ab oder ging zum Nachbaracker und schaute dort nach den Äpfeln.

Manchmal habe ich auch einen probiert. Dann wurde mir der Arm lahm von dem Kind, ich setzte es in den Wagen, aber der Acker war zu holprig, ich konnte es nicht fahren. Nun stand ich einfach rum.

Einmal war ein reiches Jahr. So viel Most brauchten wir nicht, deshalb wollten die Eltern Obst verkaufen. Sie sagten, ich solle mit Kreide auf meine alte Schiefertafel schreiben: «Mostobst zu verkaufen», weil ich eine deutliche Schrift hätte. Das Schild sollte ans Hoftor gehängt werden. Ich weigerte mich, denn ich wollte nicht, daß die Leute dachten, wir seien so arm, daß wir Mostobst verkaufen müßten.
Mein Vater schrieb es selber. Die Schiefertafel band er mit einem schwarzen Schnürsenkel ans Hoftor.
Wenn ich von der Schule heimkam, ging ich schnell daran vorbei und guckte nicht hin.
Es kamen tatsächlich Leute und kauften. Sie lachten und fragten, was denn ‹Mobstobst› sei. Mein Vater hatte sich verschrieben, da war es mir noch peinlicher.

Die nachbarschaftliche Nähe schaffte eine Vertrautheit, in der gegenseitige Hilfe selbstverständlich war. Doch war sie zugleich Enge, wo erbitterte Feindschaften entstanden. Man sprach kein Wort mehr miteinander, und die Unversöhnlichkeit wurde über den Tod hinaus an die Kinder weitervererbt.
So weit ging die Ächtung, daß man zu Hause blieb, wenn der feindliche Nachbar begraben wurde. Das war man sich selbst auch in den Augen der anderen schuldig, die um die Fehde, die zu Lebzeiten bestanden hatte, alle wußten. Da vergab man sich nichts, wenn man im Recht war. Schon lange anhaltende stumme Feindschaften konnten plötzlich aus nichtigem Anlaß zu kurzen, heftigen Auseinandersetzungen aufflammen, wodurch der Krieg aufs Neue für weitere unabsehbare Zeit besiegelt war.
Auch wir lebten in Fehde mit einem angrenzenden Nachbarn. Die Feindschaft bestand schon, als ich ein kleines Kind war, und ich weiß nicht, wie es dazu kam. Mir war streng untersagt, mit dem Jungen aus dem Nachbarhaus, der in meinem Alter war, zu spielen oder in sein Haus zu gehen. An einem Ende unseres Gartenzauns

begann der Bannkreis, die vertraute Welt hörte plötzlich auf, um erst jenseits des feindlichen Territoriums wieder anzufangen. Mir fehlte ein Stück der Welt.
Es gab auch mehrmals Auseinandersetzungen zwischen den von uns Geächteten und anderen Nachbarn, aber sie versöhnten sich immer wieder, denn «die hatten keinen Charakter.»
Zwischen uns drang über die Gartengrenzen kein Blick und kein Wort mehr. Jenseits war fremdes Land, und hüben wie drüben hegte man insgeheim stille Verachtung füreinander. Man wollte nie mehr etwas miteinander zu tun haben, es gab mit dem andern eben kein Auskommen.

Ich merkte es, wenn es besser war, nicht zu fragen. Die Gestik meiner Mutter wurde mit einem Mal zerfahrener. Ein Schatten huschte durch ihre Augen. Sie rieb den durchgeknickten Mittelfinger mit Druck auf dem Tisch hin und her. Dann fuhr sie einzweimal mit der flachen Hand über den Tisch, als wolle sie Krümel wegfegen. Es lag nichts auf dem Tisch, nicht mal Staub. Dann zupfte sie mit zusammengekniffenem Daumen und Mittelfinger am Ärmel des anderen Arms, als hätte sie ein Haar oder eine Fussel aufzunehmen, dann rieb sie mit der Hand über die Stelle, als würde sie einen Fleck verwischen.

Als ich schon lange zur Schule ging, hatte ich eine Freundin. Wenn man immer mit demselben Mädchen zusammenging, dann war das die beste Freundin.
Im Sommer versteckten wir uns im Garten und kritzelten Bilder von Babies, die im Bauch der Mutter hockten. Dann lachten wir, um unsere Angst fortzulachen. Jede von uns wußte was, aber richtig wußten wir nicht Bescheid, aber wir wußten mehr als wir hätten wissen dürfen, von den Dingen, die man erst später versteht.
Später im Religionsunterricht lernten wir, daß es läßliche Sünden gibt und schwere Sünden, die sogenannten Todsünden. Wenn man ohne Absolution stirbt, können die läßlichen Sünden im Fegefeuer abgebüßt werden, und man konnte trotzdem noch in

den Himmel kommen. Wenn man Todsünden begangen hatte, kam man in die Hölle, und da kam man nie mehr raus.
Wir waren sehr beunruhigt, denn wir hatten bestimmt schwere Sünden begangen. Eine läßliche Sünde war, wenn man die täglichen Gebete vergessen hatte, und was wir getan hatten, war viel schlimmer.
Wir hatten Angst vor der ewigen Verdammnis, und wie das ist, verstehen nur die, die selbst schon Angst davor gehabt haben. Ich wußte mir keinen Ausweg. Meine Freundin konnte ihrer Mutter beichten, und sie erzählte mir, die Mutter habe gesagt, wenn wir es nicht wieder tun würden, würde es uns der liebe Gott dieses eine Mal verzeihen. Damals glaubte ich den Großen schon nicht mehr alles, und ich betete, daß sie recht haben möge.

Es gab Zeiten, da haßte ich meine Schwester. Da sie zart und anfällig blieb, wurde sie bevorzugt. Ich war immer schuld, das fand ich ungerecht.
Wenn wir beim Essen heimlich weiterstritten und uns unter dem Tisch gegenseitig auf die Füße oder ans Schienbein traten und der Tisch wackelte, oder eine von uns plötzlich einen Schrei nicht mehr unterdrücken konnte, hieb meine Mutter mit der Faust auf den Tisch und schrie: «Also Mann, jetzt sprich du mal ein Machtwort.» Mein Vater stand auf und griff mit der linken Hand nach dem Rohrstock, der oben auf dem Küchenschrank lag. Er fuchtelte mit dem Stock in der Luft und schrie, indem er sich an mich wandte: «Treib's nicht bis zum Äußersten, ich sag dir nur eins, treib's nicht bis zum Äußersten! Wenn du sie mal kriegst, dann kriegst'se, aber dann richtig. Du weißt, es dauert lang, bis ich mal hinlang, aber wenn's mal den Punkt erreicht hat, dann kannst lange Papa schreien. Dann ist's nicht mehr mit Papa, dann ist's aus Papa, da kenn ich nichts.»
Meine Mutter hatte den Teller weggeschoben. Sie lamentierte, ihn dabei insgeheim anfeuernd: «Nein, man hat nichts Schönes mehr, mir ist der Appetit vergangen. Die wissen doch genau, daß nichts passiert, die haben doch überhaupt keinen Respekt. Das hätten wir uns früher bei unserm Vater nie getraut. Der mußte uns nur angucken, und wenn er die Daumen unter die Hosenträger klemmte, dann hat man gewußt, was es geschlagen hat. Da

wußte man genau, woher der Wind weht. Aber heutzutag, die sind ja rotzfrech, kein Respekt vor den Eltern.» Sie war aufgestanden und ahmte den Großvater nach, wie er die Daumen hinter die Hosenträger steckte. Dann fuhr sie fort: «Wir sind viel zu gut. Gutmütigkeit ist ein Stück Dummheit. Und was ist der Dank dafür? Die spucken einem auf den Kopf. So ist's, wie meine Mutter immer sagte: wenn sie klein sind, treten sie einem in den Schoß, wenn sie groß sind, ins Herz. Für was plagt man sich bloß so ab, kein Dank, wir könnten's so schön haben. 's ist ja recht, daß sie da sind, ich will ja gar keinen Dank, aber wenigstens parieren solln sie.» Mein Vater wurde noch lauter: «An dir hau ich erst den Rohrstock kaputt, bevor du uns kaputt machst. Das wollen wir doch mal sehn. Dich werden wir schon noch klein kriegen, so klein, bis du in d'Welt paßt. Nichtsnutze, Tagediebe wird aus so was. So weit wird's nicht kommen. Dich krieg ich klein, da will ich mir später keinen Vorwurf machen.»
Der Stock zuckte mir bedrohlich vor der Nase, und ich war nie ganz sicher, ob er jetzt zuschlug. Aber er schlug selten. Ich mußte vom Tisch und ohne Abendbrot ins Bett. Mir wurde die Glühbirne aus der Lampe geschraubt, so daß ich nicht mehr lesen konnte.

Mein Vater erzählte, er sei früher von seinem Vater im Stall mit dem Lederriemen verhauen worden. Wenn er guter Laune war, fügte er hinzu: «Wen der Herr liebt, den züchtigt er, so heißt's, glaub ich, schon in der Bibel. Aber wir sind alle rechte Leut' geworden, schau dir meine Geschwister an, wir haben's alle schwer gehabt im Leben und mußten uns durchbeißen. 's ist keinem was geschenkt worden. Aber wir haben's gepackt, wir können uns überall sehen lassen. 's Leben ist kein Zuckerschlecken.»

Ich hatte beim Spielen vergessen, nach der Uhrzeit zu fragen, und kam zu spät nach Hause. Mein Vater stand schon in der Küche und hielt den Rohrstock in der Hand. Er packte mich am Oberarm – «und jetzt ist's Quantum voll» –, ohne daß ich mich erklären konnte, ich lief um ihn herum, und während er sich drehte, schlug er auf mich ein.
In den darauffolgenden Tagen zog ich lange Strümpfe an, wenn ich in die Schule ging, denn sonst hätte jeder gewußt, daß ich daheim nicht pariert hatte, und dafür schämte ich mich.

Im Winter wurden meine Schwester und ich mit der Milchkanne losgeschickt, um Milch zu holen. Sie fand im Schnee ein Kaninchenschwänzchen. Irgendwo hatte man einen Stallhasen geschlachtet und das Schwänzchen weggeschmissen. Den ganzen Winter über trug sie es bei sich im Handschuh. Wollte sie mir etwas Liebes tun, lieh sie es mir aus.
Ein Nachbar schenkte ihr einmal ein Häschen. Sie durfte es im Hof in einer Kiste halten, vielleicht war es meine ehemalige Meerschweinchenkiste, aber das weiß ich nicht mehr. Wir versorgten das Häschen gemeinsam, samstags machte auch unser Vater die Kiste sauber. Der Hase wurde groß und dick. Wir hingen an ihm, besonders meine Schwester, weil es ihr Hase war.
Dann war eine Tante aus H. zu Besuch. Sie fand, der Hase sei jetzt fett genug «und 's wär Zeit zum Schlachten». Meine Schwester heulte, der Rotz lief ihr aus der Nase, und sie zitterte vor Erregung. Man erklärte ihr, daß man Stallhasen eben habe, um sie eines Tages zu schlachten. Für meine Schwester war es kein Hase zum Schlachten, und sie flehte um sein Leben. Meine Tante meinte, die sei ja hysterisch und solle sich nicht so anstellen. Da es nichts half, versuchte man es auf andere Weise. «Der Hase ist ja schon viel zu fett, den muß man schlachten. Das ist sonst Tierquälerei. Der hat bestimmt schon Herzverfettung, und wenn man ihn jetzt nicht schlachtet, verreckt er, und das willst du doch auch nicht?» sagte man.
Meine Schwester wollte nicht, daß der Hase durch ihre Schuld verrecken müsse, und unter Tränen willigte sie ein, daß man ihn schlachten sollte. Ein Nachbar mußte geholt werden, mein Vater brachte es nicht fertig.

Nahe beim Dorf lag das Gut. Auf weiten Feldern, die sich am Bahndamm entlangzogen, wurden Bohnen und Erbsen angepflanzt. Näherte man sich im Sommer aus nördlicher Richtung von der Stadt her mit dem Zug, sah man viele bunte Flecken in einem grünen Meer. Das waren die arbeitenden Frauen.
Auch Kinder arbeiteten im Sommer auf dem Gut. Morgens fuhren sie in kleinen Karawanen auf ihren Fahrrädern durch unsere Straße, an den Lenkstangen klapperten die Eimer. Viele Frauen besserten mit dem Bohnenrupfen das Haushaltsgeld auf, die Kin-

der durften einen Teil des Geldes für sich behalten und sparen. Es kam ins Sparkäßchen, manche hatten sogar schon ein eigenes Sparbuch.
In den Ferien fragten meine Eltern, ob ich nicht auch aufs Gut wolle ‹ins Bohnenrupfen›, ich säße ja doch nur daheim rum. Wir fuhren nie in Urlaub. «Außerdem schadet es gar nichts, wenn sie mal sieht, wie man 's Geld verdient, wir haben früher auch hinlangen müssen», sagten sie.
Ich hängte ein weinrotes Emailleeimerchen, das sonst meine Mutter zum Fensterputzen verwendete, an die Lenkstange ihres Fahrrads und fuhr hinter den andern her. Auf dem Gutshof, hinter dem sich die Felder erstreckten, standen die Vorarbeiterinnen. Sie gingen zum Feld, das dran sein sollte, der Arbeitstrupp von Frauen und Kindern zog hinterher.
Wir wurden vor den langen Bohnenreihen aufgestellt. Den Frauen, die man schon kannte und von denen man wußte, daß sie fleißig und flink waren, wurden zwei Reihen in der Mitte des Feldes überlassen. Das waren die besten Reihen; da sie viel Sonne abbekamen, trugen die Stöcke am meisten. Wir Kinder wurden auf die seitlichen Reihen verteilt, wo Bäume standen, sie waren die unbeliebtesten. Ich bekam oft eine Baumreihe. Gegen Mittag und am frühen Nachmittag, wenn die Sonne stach und mir beim Bücken im Kopf schwindlig wurde, war ich sogar froh darüber, denn es gab ein wenig Schatten. Aber ich wußte, daß ich am Abend weniger im Sack haben würde als die Frauen. Obwohl an meinen Stöcken weniger hing, blieb ich oft hinter den andern in der Reihe zurück. Ich strengte mich an, kam aber trotzdem nur langsam voran. In der Schule war ich immer gut und kam nie ins Hintertreffen. So stellte ich mir das Sitzenbleibenmüssen vor, wenn ich da hinten allein in der Reihe saß. Manchmal schickte dann die Vorarbeiterin eine Frau in meine Reihe, die mir ein Stück entgegenarbeitete, so daß ich wieder Anschluß fand. Aber die Bohnen, die sie in meiner Reihe pflückte, kamen nicht in meinen Sack.
Ich versuchte schneller zu rupfen, um mithalten zu können, aber die Vorarbeiterin fand bei der Kontrolle noch Bohnen an den Stöcken, und ich mußte ganz zurück und nacharbeiten. «Man muß sauber rupfen, ganz sauber, sonst hat's keinen Wert, sonst kannst nimmer ins Schaffen kommen», sagte sie.
Am Abend schleppte man seinen Sack zur Waage. Von allen Feldern strömten die Frauen und Kinder herbei und zogen die

Säcke hinter sich her. Das Gewicht wurde auf einer Karte, auf der der Name stand, notiert. Mitunter wurden Stichproben gemacht. Man schüttete den Frauen, aber häufiger den Kindern die Säcke aus. Einige sollen ab und zu Steine hineingelegt haben, um mehr Gewicht vorzutäuschen.
Morgens waren die Bohnenstöcke noch feucht von der Nacht. Am rauhen Bohnenkraut schürfte ich mir die Nagelhaut ab, sie stand in langen, dünnen Hautfetzen von den Fingern weg. Ich riß sie ab, weil es weh tat. Da brannte es erst recht, wenn ich in die Bohnen griff. Auch Heftpflaster nützte nicht viel, es löste sich durch die Feuchtigkeit und ich verlor es.
Wenn ich zu Hause klagte, meinten meine Eltern, Geld verdienen sei halt nicht so leicht, da müsse man schon in manch sauren Apfel beißen, und ich solle die Flinte nicht gleich ins Korn werfen. Das Schaffen hätte noch keinem geschadet. Doch zu Mittag kochte meine Mutter in der Zeit meine Lieblingsgerichte.
Als ich meinen Lohn in einer länglichen Tüte abholte, es war nicht viel, ging ich sofort in einen Laden und kaufte Bier. Mein Vater hatte oft gesagt, daß er jeden Pfennig für seine Familie zusammenhalte und sich nicht mal einen Schoppen Bier gönnen würde. Er war nie in einem Wirtshaus, und zu Hause gab es nur selbstgemachten Most.
Ich konnte es kaum aushalten, bis ich zu Hause war. Ich schenkte ihm das Bier, da bekam er wäßrige Augen.

Wenn in der Nacht ein Gewitter aufkam, stand meine Mutter auf. Sie weckte meinen Vater und holte uns Kinder aus den Betten. Wir mußten uns das Nötigste anziehen. Sie rannte durchs Haus und zog überall die Stecker aus den Dosen und drehte die Sicherung aus. Sie holte die Stearinkerzen aus der Schublade, sie fand sie mit einem Griff im Dunkeln. Sie hätte alles im Dunkeln gefunden, da jedes Ding seinen festen Platz hatte. Dann zündete sie die Kerzen an, und wir mußten alle mitbeten. Sie fürchtete sich beim Gewitter und wollte nicht allein sein mit ihrer Angst, die sie mit Gebeten verscheuchte.
Als ich älter war, weigerte ich mich aufzustehen, weil mir Gewitter keine Angst machten. Auch mein Vater stand nicht mehr auf, nur meine Schwester hockte fröstelnd im Nachthemd bei ihr.

Dann beauftragte mein Vater eine Firma, uns einen Blitzableiter aufs Haus zu bauen.
Eine Nachbarin sagte: «Uh, das hättet ihr aber nicht machen sollen, das zieht doch grad den Blitz an.» Ich habe nie davon gehört, daß es einmal im Dorf eingeschlagen hätte, aber offenbar hatte auch sie Angst.

Den Erstkommunikantenunterricht erteilte der Pfarrer und ab und zu in seiner Vertretung eine Ordensschwester. Wir wurden in die Geheimnisse der Sakramente eingeweiht und in der richtigen Gesinnung unterwiesen, um selbst bald den Heiland empfangen zu können. Manchmal lasen sie uns aus einem Buch Geschichten über andere Kinder vor, wie diese sich auf den Empfang des Heilands vorbereiteten, sie waren von Liebe und Sehnsucht ergriffen nach Gott.
Ein Kind wollte unbedingt die Erstkommunion empfangen. Seine Eltern erklärten ihm, daß es sich noch so lange gedulden müsse, bis ihm die Milchzähne ausgefallen seien, dann wäre es groß genug. Das Kind brannte vor Verlangen danach, den Heiland empfangen zu dürfen. Es nahm einen Stein und schlug sich die ersten Zähne aus. So lieb hatte es den Heiland, daß es nicht mehr warten mochte, bis er zu ihm kommen durfte.
An die anderen Beweise kindlicher Liebe zu Gott erinnere ich mich nicht mehr. Diese Geschichte hat mich tief bewegt, betroffen und beschämt.
Ich sah den blutenden Mund des Kindes vor mir, und wie es mit dem harten Stein auf seine Zähne einschlug. Es mußte Gott sehr lieb gehabt haben, um das fertigzubringen. Ich fürchtete mich vor Schmerzen, ich hatte sogar entsetzliche Angst, wenn mir der Zahnarzt einen Zahn plombierte, ich würde niemals so tapfer sein können, offenbar war meine Liebe zu Gott nicht tief und groß genug. Ich stellte mir vor, daß die richtige Liebe so groß sein müsse, daß sie weh tut, ich empfand sie nicht und fühlte mich ins Unrecht gesetzt.

Bei der ersten heiligen Kommunion standen wir alle vorn am Altar und der Pfarrer fragte: «Widersagt ihr dem Satan?» «Wir widersagen», antworteten wir im Chor.

Wir legten unser Treuegelöbnis in Versprechen und Liedern ab. «Fest soll mein Taufbund immer stehen, ich will die Kirche hören, sie soll mich allzeit gläubig sehn und folgsam ihren Lehren.» Ich weiß noch genau, daß ich mitsang, und daß mich eine quälende Beunruhigung beschlich, denn jetzt hatte ich mich für immer festgelegt.

Ich nahm mir vor, mich immer an das Versprechen zu halten, das ich vor allen Leuten, vor dem Pfarrer in der Kirche vor dem Allerheiligsten gegeben hatte. Ich dachte daran, daß es schwerfällt, ein Versprechen immer einzuhalten. Ich wußte, was auf einen Meineid steht, und ein Meineid vor Gott würde noch viel schrecklicher sein. Ich wollte mich ein ganzes Leben lang an diese Stunde erinnern, damit mir nichts passieren könne, wenn es einmal schwer sein sollte mit dem Treueschwur. Jetzt war es geschehen.

Nach der Erstkommunion wurde ich jeden Samstagnachmittag zur Beichte geschickt. Es gab auf jeder Seite zwei Beichtstühle hinten im Kirchenschiff. Nur vor hohen Feiertagen wie Ostern oder Weihnachten wurde in allen vier Beichstühlen die Beichte abgenommen. Dann kamen viele Leute, und es mußten auswärtige Herren anreisen, der Pfarrer und der Kaplan wurden nicht mehr allein fertig. Man kniete in den Bänken und schlug im Gebetbuch den Beichtspiegel auf, um sein Gewissen zu erforschen. Vom Beichtstuhl hielt man etwas Abstand, trotzdem hörte man ein leichtes Geraune und Gewisper.

Manche Frauen, die sich als nächste an der Reihe glaubten, stellten sich, noch während jemand im Beichtstuhl war, davor auf, mit gesenktem Kopf und gefalteten Händen.

Fast jede Sünde hatte ich begangen. Ich hatte die täglichen Gebete nicht gebetet, ich hatte unandächtig gebetet, ich hatte den Namen Gottes leichtfertig ausgesprochen, ich war unfolgsam gewesen. Ich las den Beichtspiegel wieder und wieder und prägte mir meine Sünden ein, damit ich nachher beim Aufsagen keine vergaß. Ich hatte gelernt, daß die Absolution nur nütze, wenn man keine Sünde ausließ.

Nach der Erforschung des Gewissens kam die Reue. Gott vergab einem die Sünden nur, wenn man sie bereute. Ich dachte immer, die richtige Reue müsse einem weh machen, vielleicht im Herzen, und man müsse weinen. Ich hatte Frauen gesehen, die in der Kirche weinten. Ich gab mir viel Mühe, das Reuegefühl zu erzeugen, es sollte mir weh tun in der Brust. Aber es gelang mir nicht. Ich war mir nicht sicher, ob mir der liebe Gott die Sünden verzeihen würde. Dann sagte ich mir wieder das Sündenregister vor, ich blieb stecken und mußte im Beichtspiegel nachschlagen, wie es weiterging. Ich lernte es noch besser auswendig. Manchmal hatte ich mir auch schon zu Hause auf einem Zettel die Sünden aus dem Beichtspiegel herausgeschrieben und mit dem Auswendiglernen angefangen. Viele Leute waren bereits im Beichtstuhl gewesen, darunter welche, die erst nach mir in die Kirche gekommen waren. Ich kniete immer noch, selbst als die Geistlichen vom Kaffeetrinken zurückkamen. Ich war am ganz frühen Nachmittag gekommen. Um vier Uhr gingen sie zur Kaffeepause.

Einmal fiel es mir besonders schwer zu beichten. Ich hatte gegen das sechste Gebot gesündigt, ich hatte Unkeusches angeschaut. Aber ich mußte es sagen, selbst wenn ich es kaum über die Lippen brachte, ich durfte nichts weglassen, sonst war alles ungültig.
Im Religionsunterricht hatten wir gelernt, man kann Unkeusches tun, allein oder mit anderen; man kann Unkeusches anschauen, denken oder hören, auch lesen.
Was Unkeusches war, wußten wir nicht genau, denn weder der Pfarrer noch die Nonne hatten es uns jemals gesagt. Wir wußten nur, daß es das war, worüber die Eltern nicht sprachen.
Ich beichtete, daß ich Unkeusches angeschaut hatte. Er fragte nach und ich sagte ihm, daß ich dabei gestanden hätte, als meine Tante ihren Säugling wickelte. Der Geistliche sagte, wenn ich mir dabei nichts weiter gedacht hätte, sei es keine Sünde.

Von einem bestimmten Alter an, ich glaube nach der Erstkommunion, durfte man ‹in d'Hall›, aber nur die Katholischen. Die Gruppenstunde am Sonntagnachmittag für die Frohschar wurde in der Bernhardushalle abgehalten, einem sehr einfachen, ebenerdigen und langgezogenen Bau, in dem die außerkirchlichen Veranstaltungen für die Gemeinde stattfanden. Jedes Jahr vor Weihnachten wurde dort eine Buchausstellung organisiert, in der man Bücher für den Gabentisch bestellen konnte, denn es gab im Ort keine Buchhandlung. Wir freuten uns immer, wenn wir wieder ‹Hall hatten›.
In der Gruppe waren nur Mädchen. Wir spielten «die Reise nach Jerusalem», es wurde gebastelt oder vorgelesen.

Die Gruppenführerin war nur wenige Jahre älter als wir. Sie fing mit einem Buch an über das Leben Maria Gorettis, die wegen ihrer standhaften Keuschheit von der Kirche selig oder sogar heilig gesprochen worden war. An jedem Sonntag las sie dort weiter, wo sie beim letztenmal aufgehört hatte. Einmal, als es sehr spannend wurde, ließ sie das Buch auf den Schoß sinken und klappte es zu. «Nei», sagte sie, «des konn i net lese.» Dabei hatte sie einen hochroten Kopf. Wir wollten selber unsere Köpfe in das Buch stecken, aber sie ließ es sich nicht entreißen. Wir ahnten, daß jetzt die Stelle kam, wo Maria Goretti für ihre Jungfräulichkeit ihr Leben einsetzte.

Am Samstagnachmittag wurde der Sonntag vorbereitet. Es gab einfaches Mittagessen, häufig saure Kartoffeln mit Blutwurst, denn man hatte viel zu schaffen, um fertig zu werden.
Meine Mutter stellte die ganze Wohnung auf den Kopf. Sie putzte das Schlafzimmer und das Wohnzimmer, obwohl wir nie darin waren. Ich bekam den Staublappen und mußte abstauben. «Warum putzt du denn das Wohnzimmer, es ist doch gar nicht dreckig», fragte ich sie einmal. «Staub gibt's immer», meinte sie.
Die Küche wurde naß geputzt, eingewachst und geblockt. Meine Mutter breitete Zeitungen aus, damit sie schön bliebe. Erst kurz vor dem Schlafengehen sammelte sie die Zeitungen wieder ein.
Nach der Beichte wurde ich mit dem Einkaufszettel losgeschickt. Mein Vater fegte den Hof, soweit er zementiert war, und die Straße, die Kieselsteine auf dem Hof zog er mit einem Rechen eben und rupfte Unkraut aus.
Dann fuhr er mit dem Karch auf die Schanz. Das war eine Müllkippe, die außerhalb des Dorfes lag, wo man allen Unrat hinbrachte. Es gab noch keine Müllabfuhr. Inzwischen machte meine Mutter den Apfelkuchen. Gegen Abend heizte mein Vater in der Waschküche den großen Waschkessel an. Er richtete das heiße Wasser fürs Baden. Die längliche Zinkbadewanne, die aufgerichtet an der Wand stand, wurde auf den Boden gestellt. Meiner Schwester wurde eine Decke übergehängt, wenn man sie von der Waschküche über den Hof in die Küche trug. Als sie noch ganz klein war, badete sie in einem kleinen Waschbottich auf einem Hocker in der Küche.

Macht unsre Bücher billiger!...

Läuteten die Kirchenglocken außer der normalen Zeit, war jemand aus dem Dorf gestorben. Man blieb auf der Straße beieinander stehen und fragte, ob der andere wisse, wer es sei.
Bald wußten es alle. War es jemand, der nicht aus dem Ort stammte oder noch nicht lange ansässig war, hieß es: «'s isch kei Hiesiger.» Die Beerdigungen waren dann nicht so groß.

An warmen Sommerabenden sah ich, wenn ich durch die Straße kam, in der ich jemanden kannte, durchs Gitter eines Zaunes in einen Hof hinein. Der Hof war ziemlich groß. Ganz hinten, da wo der Schopf, die Scheune und der Stall, die an das Haus angebaut waren, aufhörten, begann der Garten. Im Hof stand kein Baum, er wirkte eigentümlich kahl, nichts stand herum, er war immer aufgeräumt.
Die kleine steinerne Staffel, die nur ein paar Stufen hatte, führte steil vom Hauseingang herunter und endete in diesem Hof. Dort, neben der Staffel auf einem Hocker saß die alte Frau. Sie trug stets eine der weiten Baumwollschürzen, wie sie die alten Frauen trugen, manchmal hatte sie noch eine Halbschürze darüber gebunden, über dem gewölbten Bauch. Beide Füße standen auf der Erde, die Beine etwas auseinandergestellt, so daß die Oberschenkel nebeneinander Platz finden konnten auf dem Hocker. Ihr Haar war grau und noch voll. In der Mitte gescheitelt lief es straff hinter den Ohren vorbeigeführt zu einem breiten Knoten zusammen, der fast den ganzen Hinterkopf bedeckte. Sie hatte einen weißen Spitz bei sich, dessen Fell gelblich war. Sie warf ihm kleine Steinchen ein Stück weit in den Hof hinein, er sprang hinterher und schaute sie an. Sie sprach mit ihm, beugte sich dabei ein wenig nach vorne, stützte beide Hände auf die Knie auf und nickte mit dem Kopf.
Manchmal sah ich eine junge Frau bei ihr. Sie stand mit einem Fuß auf der ersten Stufe der Treppe und lehnte sich mit dem einen Arm ans Geländer. Dann hielt die alte Frau ein kleines Kind zwischen den Händen, es hing darin und berührte mit den Zehenspitzen leicht ihren breiten Schoß. Es konnte bestimmt noch nicht laufen. Die alte Frau ließ es etwas auf- und niederhüpfen, während sie beide auf das Kind einsprachen. Dabei lachten sie. Der Spitz saß dabei.

Viel viel später einmal sollte ich der Frau etwas ausrichten. Ich betrat zum erstenmal ihren Hof, und am liebsten hätte ich «du» zu ihr gesagt, so gut meinte ich sie zu kennen.

Unter den Kindern, die nicht viel jünger als ich waren, gab es dunkelhäutige mit schwarzen Haaren. Das waren Besatzungskinder.
Ein Mädchen aus dem Dorf mit einem Besatzungskind wurde geheiratet und zog mit Mann und Kind nach Marokko. Wie man hörte, ging es ihr dort sehr gut. Da sie sich so gut versorgt hatte, war die Schande vergessen und heimlicher Bewunderung gewichen. Ihre Eltern, die im Lauf der Jahre ein paarmal ‹drüben› gewesen waren, sogar schon zu der Zeit, als noch niemand sonst aus dem Dorf ins Ausland reiste, wußten nach der Rückkehr Wunderbares zu berichten.
Aber die anderen Mädchen blieben im Dorf, und manche heirateten nie. Wurde von ihnen gesprochen und wußte man nicht gleich, um wen es sich handelte, sagte man: «Die, wo des Marockel hat.»

Je mehr der Krieg sich dem Ende näherte, desto verlorener wurde die Situation und um so bedrohlicher für unser Dorf. Die Franzosen standen im Elsaß und schossen herüber über den Rhein.
Durch den Luftdruck der Detonationen fielen bei uns die Scheiben im Küchenfenster ein, gerade als ich auf dem Küchentisch lag, erzählte meine Mutter, und sie mich wickeln wollte.
Im nahen Baden-Baden sollen Flugblätter vom Himmel gefallen sein von vorüberziehenden Geschwadern mit der Ankündigung: «Baden-Baden, dich wollen wir verschonen, denn in dir werden wir später wohnen.»
In Bedrängnis und großer Not versammelten sich die katholischen Gläubigen in der Kirche zu einem Gelübde. Man flehte Gott um Schutz an und gelobte, wenn man den Krieg heil überleben würde, jedes Jahr im Mai in einer Wallfahrt zu einem nahe in den Vorbergen des Schwarzwalds gelegenen Marienverehrungsort zu pilgern, 25 Jahre lang.
Das Dorf überlebte die Wirren. Nur die Synagoge war ausge-

brannt, weil man sie lange vorher angezündet hatte, und die evangelische Kirche wurde durch eine Bombe dem Erdboden gleichgemacht, die einzige, die im Dorf niederging.
Eine andere war außerhalb gefallen, auf dem freien Feld, und im ‹Bombenloch› sind wir Kinder später jahrelang im Winter den Abhang hinuntergerodelt.
Es schien wie ein Wunder, zumindest wie ein Fingerzeig Gottes, daß fast alle im Dorf den Frieden erlebten, der einzog. Die Namen der Toten wurden nahe beim Hauptportal hinten in der Kirche zum ehrenden Angedenken angeschlagen. Auch mein Bruder, der aus Rußland nicht zurückkehrte, war darunter.

Gott hatte das Dorf verschont, und man hielt sein Versprechen. In jedem Mai, an einem Sonntag sehr zeitig in der Früh, traf man sich zum Abmarsch vor der Kirche. Der Geistliche und die Ministranten zogen mit Fahnen und Gebetbüchern vorweg. Männer, Frauen und Kinder gingen aufgeteilt in geschlossenen Gruppen hinterher. Man hatte das Gebetbuch dabei, den Rosenkranz und in der Tasche, die man sonst zum Einkaufen benutzte, eine Vesper und eine Sprudelflasche voll Kaffee oder Tee. Die jüngeren Kinder trugen kleine Tornister und gingen mit ihren Müttern in den Reihen der Frauen.
Mit Gebet und Gesang zogen wir aus dem Dorf hinaus, auf Wegen zwischen blühenden Wiesen, an einem Waldsaum entlang, hinauf durch einen Hohlweg, durch eines der kleinen Nester, die damals weder Bus- noch Bahnverbindung hatten, und wieder hinaus aufs Feld und durch die Wälder, meist leicht bergauf. Man betete Gesetzchen vom Rosenkranz und sang Lieder, vor allem Marienlieder.
«Wunderschön prächtige, hohe und mächtige, liebreich holdselige, himmlische Frau . . .»
«Maria zu lieben ist allzeit mein Sinn; in Freuden und Leiden ihr Diener ich bin . . .»
«Maria breit den Mantel aus, mach Schirm und Schild für uns daraus, laß uns darunter sicher stehn, bis alle Stürm vorüber gehn . . .»
Zwischendurch waren Pausen im Beten und Singen, dann plauderte man miteinander. Die Gruppen hatten sich so zusammengefunden, daß jeder seine Bekannten um sich hatte. Ich erinnere mich an eine Frau in unserer Reihe. Sie hatte ein breites Hinterteil

und winzig gekräuselte Locken um den Kopf, und wenn sie sprach, machte ihr die Zunge Schwierigkeiten, sie lispelte und sagte, daß ihre Schwester viel besser dran sei, die könne essen was sie wolle, und sie selber bräuchte nur ein Stück Kuchen anzugucken, schon hätte sie fünf Pfund zugenommen.
Es wurde wieder ein Gesetzchen Rosenkranz gebetet, vorne wurde angestimmt, das Gemurmel drang nach hinten, und Reihe um Reihe fiel an der Stelle mit ein, wo sie den Anschluß fand. Die Kinder griffen heimlich in die Vespertaschen. Auf dem Weg lagen zerdrückte Schalen hartgekochter Eier. Dann kamen wir durch ein abgelegenes, lauschiges Tal. Hinter dichten Zäunen von Tannengestrüpp lagen vereinzelte Wochenendhäuser, auf der sonnigen Terrasse saßen Leute beim Frühstück, und Kinder spielten am Bach. Wir zogen singend vorüber, manchmal schlug ein Hund an und sprang an der schmiedeeisernen Gartenpforte hoch.
Im Tal jenseits lag die Kirche, das Ziel unserer Wallfahrt. Doch zuvor mußte ‹der Schmerzensbuckel› erklommen werden, so wurde der Hang genannt, der hinaufführte. Es war ein beschwerlicher Aufstieg, das Gelände war uneben und mit schweren Gesteinsbrocken übersät. Es gab alte Frauen, die bis ins hohe Alter an ihrem geleisteten Gelübde festhielten, sie klammerten sich an den Steinen fest und hielten Ausschau nach dem nächsten festen Halt. Ich sah auch Frauen, die unten einen schweren Stein aufhoben und ihn, in ihre Armbeuge gegen den Körper gepreßt, mit nach oben schleppten. Diese Buße legten sie sich freiwillig auf, um ihre Sünden abzuarbeiten.
Oben auf der Kuppe war Rast, wir lagerten im Wald und saßen auf Baumstümpfen, der Proviant wurde verzehrt. Danach zogen wir zur Kirche hinunter, hinter der hochgehaltenen Fahne her und unter dem vollen Geläut der Glocken.
Der Pfarrer hielt in der Kirche einen Gottesdienst ab. Wenn viele Menschen gekommen waren, der Ort wurde mehr und mehr ein beliebtes Ziel für Ausflügler, die mit dem Auto kamen, fanden Gottesdienst und Predigt unter freiem Himmel statt, auf der Wiese hinter der Kirche.
Draußen auf der Straße entlang der Mauer hatten Händler kleine Buden aufgeschlagen. Sie verkauften Medaillons, Rosenkränze und Heiligenbildchen, aber auch Ansichtskarten und Lebkuchenherzen zum Umhängen mit weißem Zuckerguß.

Ich fand, daß die Predigt besonders lange dauerte, aber bestimmt dauerte sie an diesem Tag nicht länger als sonst, denn die Kirche war immer um die gleiche Zeit aus. Ich holte einen kleinen, runden Taschenspiegel hervor und bewegte ihn so vor dem Gesicht, daß er mir die Bilder von den Dingen in meinem Rücken herholte. Mal sah ich Köpfe, dann die Orgel oder ein Stück vom Kirchenfenster.

Dann hielt ich den Spiegel in den Lichtstrahl, der durchs Fenster einfiel, und ließ den zurückgeworfenen Fleck in der Kirche umherwandern. Der Pfarrer predigte immer noch. Ich lenkte den Fleck auf die Kanzel, zuerst auf das Mäuerchen, hinter dem er stand, dann höher auf seinen Bauch, und schließlich ließ ich ihn über seine Augen huschen. Er kniff sie zu, bog den Kopf nach hinten und predigte weiter.

Ich ließ den Fleck wieder langsam hochwandern. Für einen Augenblick zauberte ich ihm einen Heiligenschein an die Stirn und traf dann wieder die Augen. Der Pfarrer stützte sich mit beiden Händen auf die Brüstung der Kanzel und versuchte vergeblich, auszuweichen. Ich traf ihn immer wieder. Da schrie er: «Wenn das nicht bald aufhört da unten, dann hör ich auf.»

Auf dem Heimweg waren die Leute ganz empört. «Also wer das gemacht hat», sagten sie, «der isch net recht gebacke.» Und wenn sie erfahren müßten, daß es eines von ihren Kindern gewesen wäre – ‹der könnt sein Kreuz einziehn›. Meine Mutter war auch dabei, und ich hoffte nur, daß mich niemand aus meiner Bank bei ihr verraten würde.

Die gesamte Verwandtschaft meines Vaters wohnte im Dorf, aber man traf sich nur zu besonderen Anlässen.

An Geburtstagen wurden keine Einladungen ausgesprochen. Es war selbstverständlich, daß sich am Abend alle einfinden würden. Jemanden extra aufzufordern zu kommen, war sogar unangemessen, es hätte so aussehen können, als spekuliere man auf ein Geschenk.

Tante Viktor, sie hieß eigentlich Viktoria, doch niemand nannte sie so, hatte im Winter Geburtstag. Man ging schon früh am Abend hin, kaum einer blieb einmal länger als Mitternacht. Die Geschenke blieben auf dem Küchentisch stehen, bis man Kaffee

trank. Man schenkte nützliche Dinge und solche, die man sich selber werktags nicht gönnte: Wein, Bohnenkaffee, eine Kleiderschürze, ein Alpenveilchen im Topf, ein Glas Honig, Butter. Manchmal drückte ihr jemand verstohlen einen Geldschein in die Hand, jeder wußte, daß sie es nötig hatte, sie bekam eine kümmerliche Rente und war von der Unterstützung ihrer erwachsenen Kinder abhängig.
Die Küche war überheizt, und man saß dicht beieinander, denn sie war klein. Ich saß gern auf der Holzkiste, in der der tägliche Vorrat an Brennholz lag.
Es gab Hefekranz, in dem eine Nußfüllung war, und Zuckerkuchen. Die Hefestücke tunkte ich in den Milchkaffee, kam ich an ein Stück Füllung, tauchte ich es nicht ein und kaute langsamer.
Man erzählte von früher. Es waren immer dieselben Geschichten, die man erzählte, und jeder war zuständig für ganz bestimmte, die er mit Gewißheit vortragen würde. Bei einigen Geschichten wußte ich schon im voraus Wort für Wort, wie sie weitergehen würden, und ich kannte auch die Gesten und die Mimik, womit sie erzählt werden mußten. Trotzdem hörten alle hin, und man lachte immer wieder an denselben Stellen. «'sisch au schee gwä frieher», fanden sie. «Aber wie's gwä isch, des kann sich die heitig Jugend gar net vorstelle, die hen 's jo schee heitzutag, die kenne sich jo gar kei Bild davo mache, wie mer sich hat durchschlage misse frieher.» Man sprach auch von der Zeit der Arbeitslosigkeit, wo die Frauen noch auf den Äckern bei andern mitschaffen mußten, weil die Männer keine Arbeit fanden. «Un d'Kinner sin jo au noch do gwä, aber sin alle groß gworre. Aber heitzutag sin jo ganz annere Zeite, hoffentlich dierfe mer des noch e bissel g'nieße, wenn mer nur gsund bleibt und jeden Morge vom Bett ra kann.»
Frau Krämer, eine gute Freundin meiner Tante, erzählte stets, daß der Lehrer sie früher in der Schule gefragt habe: «Olga, willst du studieren?» «Un do bin ich hiegstande und hab g'sagt: ‹Nein, Herr Lehrer, wir haben kein Geld› – und 's Zeug hätt mer au dazu g'hat, aber do war jo gar net dro z'denke. Des isch jo heit alles ganz andersch.» Dann wollte sie die Zustimmung der anderen, daß sie sich damals tapfer und vernünftig verhalten habe. «Wenn mer's überlegt, des isch doch viel gwä von em Kind, so e Antwort, oder net?» «Ja ja», meinten die andern, «so isch's halt gwä.»
Man sprach nur über Dinge aus dem engsten Lebensbereich, allgemeine Themen standen nie zur Debatte.

Es waren die einzigen Abende, an denen man länger aufblieb. Auf dem Heimweg fand man, ‹daß es wieder mol schee gwä isch und daß d'Viktor reich b'schenkt worre isch›.

An diesen Abenden erzählte Tante Viktor: «Un wisse' ner noch, wie unser Werner vom Krieg heimkomme isch. Do hen mer en Brief kriegt, daß mer 'n am Bahnhof abhole kenne. Un wie mer hikomme sin, Jesses Gott, do hat er jo net e mol mehr schteh kenne. No sin mer erscht zum Kurt gange un hen der Karch g'holt, no hen mer 'n mit dem Erdbeerkarch heim g'fahre. No isch er noch e paar Tag im Garte g'sesse un hat als pfiffe wie d'Vegele, i glaub er hat's gmerkt, daß er schterbe muß.»
«Ja», sagten die anderen, «'s isch en guter Kerl gwä, der Werner, 's war schad um en. Daß des noch hat sei misse, daß mer die junge Kerl g'holt hat, wo's doch sowieso scho aus gwä isch. 's war selbe wie mit eierm Ludwig, um den isch's au schad gwä; grad ausg'lernt g'hat als Bäcker un in de Krieg g'mießt un nix mehr g'hert.» Mein Bruder ist bei Charkow vermißt. «Der Dank des Vaterlandes wird euch gewiß sein, hat's als g'heiße. I scheiß uff den Dank, dovu werre unsere Bube au ni me lebendig.»

Am Ende des vierten Schuljahres gingen die Töchter vom Arzt und vom Zahnarzt von unserer Schule weg. Sie fuhren mit dem Zug in die Kreisstadt aufs Gymnasium. Der ältere Bruder der Arzttochter war auch schon dort. Die Leute vom Dorf sagten: «Die gehn auf d'Hochschul.»
Ich ging gerne zur Schule und bekam gute Noten, ohne mich anstrengen zu müssen. Mein Vater sagte: «Der fliegt alles zu.» Ich lieh mir viele Bücher aus der Bibliothek aus, die es in der Schule noch nicht lange gab. Sie war in einem verschließbaren Schrank und wurde von einer Lehrerin verwaltet.
Ich fand mich selbst gescheit. Ich wußte, daß man auf der ‹Hochschul› noch mehr lernen würde, auch andere Sprachen, und daß man länger zur Schule ging. Ich wollte auch auf ‹d'Schul› und fing an, meine Eltern damit zu quälen.
Mein Vater meinte, da müßte man einen eisernen Willen haben um durchzuhalten, das wär sicher nichts für mich. Meine Mutter sagte: «Ja, wenn du ein Bub wärst, dann tät ich mir's gefallen

lassen, aber für ein Mädchen ist das nichts.» Es gab Jungen aus dem Dorf, wenige, die auf ‹d'Hochschul› gingen, es war klar, daß sie Pfarrer werden sollten. Von zweien weiß ich auch, daß sie es geworden sind.
Ich sollte einmal das Nähen lernen, meinte meine Mutter, es war früher ihr eigener Wunsch gewesen, den ihr Vater ihr nicht erfüllt hatte. Das wäre das richtige für ein Mädchen, da könnte ich mir weiterhelfen, und Mädchen heirateten ja doch.
Ich wollte nicht das Nähen lernen, und an Heirat dachte ich nicht. Das Lernen machte mir Spaß, und ich wollte zur Schule gehn. Ich dachte auch daran, daß ich mich dann später schöner anziehen und etwas Besseres werden könnte, jemand wie's Fräulein Schmitt, die Lehrerin. Es schien mir verlockend und vielversprechend, anders zu werden als meine Eltern und zu denen zu gehören, von denen sie sich geachtet fühlten, wenn sie mit ihnen sprachen.

Ich durfte nicht. Aber ich hatte meinen Wunsch nicht aufgegeben und fing immer wieder damit an, sie sollten mich doch nach der fünften Klasse gehen lassen. Mein Vater meinte schließlich, er wolle mal den Lehrer Arnold fragen, was der dazu meine, damit sei ja noch nichts entschieden und fragen koste ja nichts.
Er zog seine guten Sachen an. Es war das erste Mal, daß er ins Lehrerhaus ging. Zwar traf man den Lehrer Arnold auf der Straße, wenn er mit seinem Dackel spazieren ging, und wechselte ein paar Worte, doch man sprach selten über die Schule.
Als er zurückkam, sagte er zu meiner Mutter: «Der Lehrer Arnold hat g'sagt, wenn se will, dann schafft se's. Vielleicht sollten wir's doch mal probieren.» Meine Mutter meinte, das wär eine Schande, wenn's nachher doch nicht klappt und ich wieder in die alte Schule müßte. Er war zuversichtlicher und sagte, sein Jawort hätte ich, aber ich solle mich bloß anstrengen, denn ich wüßte, daß sie mir nichts helfen könnten.

Schließlich willigte meine Mutter ein, daß ich wenigstens die Aufnahmeprüfung probieren dürfte. Vorher mußte ich angemeldet werden. Den Weg hat sie noch mit mir gemacht, weil ich noch nie allein mit dem Zug gefahren war und nicht wußte, wo die neue Schule lag. Wir waren beide in unserem Sonntagsstaat, das Zeugnisheft steckte in ihrer Handtasche.
Der Direktor sagte zu meiner Mutter, als sie auch ihm gegenüber

mit ihren Bedenken anfing: «Aber ein Kind mit so einem Zeugnis läßt man doch nicht in der Dorfschul.»
«Jetzt probiersch halt mal die Prüfung. Recht isch's mir ja nicht. Aber dann kann man immer noch weitersehen», sagte sie zu mir.

Am Morgen mußte ich erbrechen, jetzt sollte ich zum erstenmal allein mit dem Zug fahren, zur neuen Schule in die Prüfung. «Ach laß es doch», sagte meine Mutter, «leg dich wieder hin.»
Zuerst war das Schriftliche. Es gab drei Aufsatzthemen: Als ich einmal auf der Messe war; Wie ich einmal einkaufen geschickt wurde und Prinzessin – Räuber – Hochzeit, man sollte eine Geschichte erfinden. Ich wählte das dritte und mußte zweimal um mehr Blätter bitten. Die Lehrer, die die Prüfung abnahmen, sagten nachher zu mir, die Märchenprinzessin dürfe heimgehn. Ich brauchte nicht mehr ins Mündliche.
Zu Hause sagte ich zu meiner Mutter: «Bin durchgefallen.» Da meinte sie: «Aber mit dem Gesicht net.»
Sie hoffte noch immer, daß ich meinen Plan aufgeben würde, und sagte, wenn ich so gern auf d'Schul gehn wolle, solle ich mir die Fahrkarte selbst besorgen. Geld für die Bahnfahrt würde sie mir geben. Ich fuhr allein und fragte mich durch. Mir stand eine Schülerfreikarte zu, die ich auf der Bahnbehörde in der Kreisstadt beantragen mußte.
Nach den Ferien ging ich in die neue Schule.

Meine Mutter wußte nicht, wie sie es den Verwandten sagen sollte. Sie meinte ständig, sich für etwas Ungehöriges, Unschickliches rechtfertigen zu müssen und fürchtete sich davor, für überspannt gehalten zu werden, weil sie ‹so hoch hinaus wollte›. Und erst die Schande, wenn es nicht klappen würde, sie stünde da und alle würden sagen: «Das haben wir doch gleich gesagt.»
Tatsächlich fiel ihr auch keine Rechtfertigung gegenüber den Argumenten ein, denn sie vertrat sie im Grunde selbst. «Wenn sie's halt unbedingt will», sagte sie kleinlaut, wenn man ihr vorwarf: «Macht ihr da einen Blödsinn, über kurz oder lang heiratet sie ja doch.»
Mein Vater, etwas forscher und nicht ganz so kleinmütig, meinte: «Aber vielleicht kann sie sich dann mal gut versorgen.» Das hieß

soviel wie: jemanden kapern, den man normalerweise nicht bekommen hätte.
Andere sagten ‹Schuster bleib bei deinem Leisten› oder ‹Bleib im Land und nähr dich redlich›. Mit diesen Sprüchen rechtfertigten sie ihr eigenes Leben, das sie für gelungen halten mußten, da sie nie zu wählen hatten.
‹Wer hoch hinaus will, kann tief fallen›, meinten andere. Ob es den Versuch überhaupt lohnte? Wenn ich schon etwas lernen wollte, sollte ich doch das Nähen lernen, da hätte meine Mutter ganz recht, denn das Handwerk habe einen goldenen Boden, so hätte es schon immer geheißen, und vielleicht würd ich's mal begreifen, wenn erst die Vernunft käme.
Es gab auch Kühnere, die meinten, ‹ein blindes Huhn findet auch mal ein Korn›, und ‹warum sollte nicht auch mal einer von uns Glück haben im Leben›.
Ich wollte ihre Reden alle Lügen strafen, später, sie würden's schon noch erleben. Ich würde meine Eltern nicht blamieren, und mein Vater hatte auch gesagt, ‹man könne auch mal die Treppe hinauffallen und nicht nur hinunter›.

In der Sexta waren wir über fünfzig Schüler in der Klasse. Wir bekamen viele Lehrer, beinahe für jedes Fach einen anderen. Gleich zu Anfang kam einer in die Klasse, schaute sich um und sagte: «In sechs Wochen wird es hier schon anders aussehen. Bis dahin räumen wir auf.»
Sechs Wochen dauerte die Probezeit.

Auf dem Gymnasium trugen die Kinder Aktentaschen. Meine Eltern konnten mir nicht sofort eine kaufen, sie hatten mir eine Reihe Bücher kaufen müssen, später gab es sie kostenlos. Die vielen neuen Bücher paßten nicht in meinen alten Schulranzen. Eine Zeitlang ging ich mit der Einkaufstasche meiner Mutter in die Schule. Ich trug sie unter den Arm gepreßt, damit niemand sah, daß sie lange Henkel hatte. Aber zu Weihnachten bekam ich eine Aktenmappe geschenkt.

Vorne im Klassenbuch waren alle Schüler aufgeführt mit Namen, Geburtsdatum, Geburtsort, Wohnort und Beruf des Vaters. Ein

Schüler sollte nach den Stunden die Lehrer an die Eintragungen erinnern.
In einer Pause tanzte er durch das Klassenzimmer und schrie, während er das geöffnete Klassenbuch in der Hand hielt: «He, horcht mal her, der Z. ihr Vater ist Rattenmeister, ho ho Rattenmeister, habt ihr so was schon mal gehört, Rattenmeister.» Die es hörten, johlten. Sie fragten: «Züchtet dein Vater Ratten? Ist er so was wie der Rattenfänger von Hameln?»
Ich schämte mich sehr und versuchte, ihnen zu erklären, was die Arbeit eines Rottenmeisters sei, aber es interessierte sie nicht. Ich begriff, daß mein Vater einen merkwürdigen Beruf hatte, das war mir vorher nicht aufgefallen. Andreas Vater war Kinderarzt, Ingrids Vater Lehrer, es gab noch andere Lehrerkinder in der Klasse, auch von Gymnasiallehrern, die selbst an unserer Schule unterrichteten.

Die Fachlehrer schrieben sich die Namensliste in ihr Notenbuch. Einer blieb bei meinem Namen hängen und fragte mich, was ein Rottenmeister sei. Ich erklärte ihm die Tätigkeit, die mein Vater ausgeführt hatte. «Ah», sagte er, «das sind die, die mit der Schaufel den Schotter unter die Schienen werfen.» Vielleicht entsann er sich an eine Rotte von Bahnarbeitern, die neben den Gleisen standen und die er gesehen hatte, als er mit dem Zug an ihnen vorbeifuhr.
Er hatte es bestimmt nicht böse gemeint, aber in meinen Ohren klang es so, als hätte mein Vater nichts Rechtes gelernt. Dabei hatte er mir oft erzählt, wie er sich angestrengt hatte, «etwas zu werden». Er hatte von Haus aus nichts lernen können und zunächst in der Fabrik gearbeitet.

Die neuen Bücher rochen gut. Manche Seiten klebten noch aneinander. Ich hatte bald das Lesebuch ausgelesen.

Ein Junge in der Klasse hatte einen Pullover, dessen Farben mir nicht gefielen. Er saß in meinem Blickfeld, wenn ich zur Tafel sah. Es hat mich sehr gestört, und immer wieder blieb mein Blick an seinem Rücken hängen. An diesen Tagen konnte ich nicht richtig aufpassen.

Die meisten Lehrer prägten sich schwer unsere Namen ein. Viele nannten uns lange Zeit nur bei unseren Nachnamen. Ich fand das ungemütlich, es hat mich befremdet.
Man hat vor und nach dem Unterricht nicht mehr gebetet, nur noch in Religion.

In einem Lesestück kam das Wort Pietät vor. Ich sollte es erklären. Aber ich kannte das Wort nicht, und ich konnte es auch nicht aus dem Zusammenhang erschließen. Mir fiel nur das französische Wort ‹petit› ein, und die Ableitung, die ich versuchte, wurde natürlich falsch.
Der Lehrer meinte, das gehöre aber zur Allgemeinbildung, da bin ich rot geworden. Er rief ein anderes Mädchen auf. Sie kannte den Begriff.

Schon bald am Anfang hatte ich Schwierigkeiten mit den Hausaufgaben in Mathematik. Meine Eltern saßen mit mir am Küchentisch, sie konnten mir nicht helfen. Meine Mutter schlug vor, wir könnten zu einem Nachbarn gehen, es hieß, daß er einmal die Realschule besucht haben sollte. Er konnte die Aufgabe auch nicht lösen und meinte: «Ich tät auch mit meinem Kind nicht so hoch hinauswollen, wenn ich seh, daß es ihm nicht hinlangt.»

Während der Adventszeit veranstaltete unsere Klasse eine Feier. Lehrer und Eltern waren eingeladen. Der Deutschlehrer hatte viele Nachmittage geopfert.
Wir führten eine Weihnachtserzählung als Schattenspiel auf: F. Timmermanns «St. Nikolaus und das Schokoladenschiff».
Ich durfte die Trine Mutzer spielen, die Inhaberin eines kleinen Ladens. Ich wurde dick ausgestopft, meine Haare wurden auf dem Kopf zusammengetürmt und zwei dicke große Stricknadeln hindurchgesteckt.
Meine Eltern sind auch hingegangen. Es hat ihnen sehr gefallen. Ich war stolz. «Du hast ausgesehen wie ein Sputnik», sagte meine Mutter.

Ich hatte eine Hose, die ich gerne trug. Sie hatte blaue und schwarze Längsstreifen. Lange Zeit war es meine einzige, und ich trug sie auch noch, als sie mir zu kurz und eng wurde.
Eines Tages stand in der Klasse ein Mädchen auf, als der Lehrer

mich gemeint hatte, und um das Mißverständnis aufzuklären, sagte er: «Nein, ich mein die mit ihren abgesägten Hosenbeinen.» Dabei zeigte er mit dem Finger auf mich. Er sagte es höhnisch, und alle lachten.

Im Klassenbuch stand, wer zu spät kam und wieviel er zu spät kam, wer die Hausaufgaben nicht oder nur teilweise gemacht hatte, wer ein Buch oder ein Heft vergessen hatte, wer während des Unterrichts schwätzte und mit wem er schwätzte, wer eine freche Antwort gab, wer störte.
Die Klassenbücher wurden über das Wochenende durchgesehen. Am Montagmorgen ging der Hausmeister mit einer Liste durch alle Klassen und verlas die Namen derjenigen Schüler, die in der großen Pause zum Direktor mußten.
Die Übeltäter standen auf dem Flur. Man mußte einzeln eintreten.

Ich erinnere mich nicht mehr an den Anlaß, aber ich fühlte mich ungerecht behandelt, der Lehrer griff schon nach dem Kugelschreiber in seiner Brusttasche, ein Eintrag war fällig. Ich gab mich noch nicht geschlagen und konterte. Da sagte er, ich solle jetzt endlich meinen Mund halten, und wie ich überhaupt aussähe, wie eine Hexe, und so eine wie mich hätte man im Mittelalter verbrannt. Das durfte er nicht sagen. Ich war zornig und rannte aus dem Klassenzimmer direkt auf die Direktion. Aufgelöst und voller Empörung überschüttete ich den Direktor, es war der stellvertretende Direktor, mit meiner Anklage.
Es muß ein starker Auftritt gewesen sein. Er schmunzelte leicht, da wußte ich, daß diese Angelegenheit aus der Welt geschafft war und ich dem anderen zuvorgekommen war.

Wenn ich mich zu Hause über Vorkommnisse in der Schule beklagte, sagten meine Eltern: «Die haben ganz recht, wenn sie hart durchgreifen, die lassen sich nicht auf der Nase rumtanzen, das haben die Herren doch gar nicht nötig. Uns sollten einmal Klagen kommen.»
Sie führten den Satz nicht weiter aus. ‹Dann kannst du was erleben›, so hätte er geendet.

In der Schule gab es ein Mädchen- und ein Bubenauswärtigenzimmer für Fahrschüler. Wenn am Nachmittag wieder Unterricht

war, konnte man sich dort aufhalten. Man sollte seine Hausaufgaben erledigen, konnte auch seine Vesper essen, durfte aber keinen Krach machen. Eine Aufsicht gab es nicht, aber der Direktor hatte seine Wohnung im Haus, und hin und wieder kam er über den Flur.
Einige Kinder, deren Eltern ein Auto hatten, wurden über die Mittagszeit von ihren Vätern abgeholt und wieder gebracht.
Kaum jemand machte seine Aufgaben. Man erzählte Witze, schmierte die Tafel voll und warf mit dem Schwamm. Manchmal steckten auch zwei die Köpfe zusammen, um sich etwas zu erzählen, was die anderen nicht wissen sollten, oder jemand ging ins Kaufhaus in der Nähe und kaufte sich Süßigkeiten. Ein Mädchen gab mir oft von ihrem Puffreis ab.
Ich habe auch nicht gearbeitet, sondern lärmte wie die anderen, wenn ich nicht gerade malte. Eines Tages riß der Direktor die Tür auf, kam herein und brüllte, man würde uns im ganzen Schulhaus hören. Manche blieben stehen oder sitzen, wo sie gerade waren, da ja keine gewöhnliche Unterrichtsstunde stattfand, in der man an seinem Platz zu sein hatte, wenn der Lehrer das Klassenzimmer betrat. Er war rot im Gesicht und fuchtelte mit den Armen, während er laut schrie, daß wir gefälligst aufstehen sollten, wenn er mit uns spricht. Wie er da vor den Mädchen agierte, wirkte so grotesk auf mich, daß ich das Lachen schon im Bauch spürte. Ich wußte, daß ich jetzt nicht lachen durfte, und dadurch wurde es noch schlimmer. Das Lachen stieg hoch, ich wollte es mit Gewalt unterdrücken und schluckte und würgte. Ich hielt den Zeichenblock vors Gesicht und konnte es zuerst noch in einem Hüsteln von mir geben, so daß man meinen konnte, ich hätte mich gerade verschluckt, aber denn brach es los, ich war vollkommen machtlos dagegen. Es wurde totenstill, und ich lachte nicht mehr.
Der Direktor wollte meine Eltern benachrichtigen, und ich mußte ihm sofort Namen und Adresse aufschreiben. Mein Arm wurde schwer, ich konnte kaum die paar Wörter aufs Papier bringen. Ich dachte an meine Eltern, wie sehr sie sich aufregen würden.
Mein Vater hatte vor noch nicht langer Zeit einen Herzinfarkt gehabt, und der Arzt hatte gesagt, daß ihm die geringste Aufregung schaden und er einen zweiten nicht überleben würde. Mir war, als hätte man ein Todesurteil gesprochen, das ich verschuldet hatte. Ich überstand kaum den Unterricht am Nachmittag.

Hinterher getraute ich mich nicht auf den Zug. Ich verpaßte den nächsten Anschluß und schlich ums Schulhaus herum. Ich hätte auf den Knien den Direktor, über den ich gelacht hatte, bitten mögen, den Brief nicht abzuschicken, denn er allein hatte es in der Hand, falls der Brief nicht bereits unterwegs war. Ich flehte im stillen Gott und alle Heiligen an, obwohl ich wußte, daß kein Wunder eintreten würde.
Ich ging ins Schulhaus. Ich nahm mir fest vor anzuklopfen, wenn der große Zeiger der Uhr genau auf Viertel stehen würde, aber dann brachte ich es nicht fertig und gewährte mir einen Aufschub von einer Viertelstunde, die auch verstrich. Ich sprach mir meine Entschuldigung ständig vor, ich mußte sie so formulieren, daß er sie annehmen würde.
Die Sekretärin kam über den Flur, ich stand ganz allein da, und sie fragte mich, warum ich da stehe. Ich fragte, ob der Herr Direktor noch da sei. Sie klopfte an seine Tür.
Ich wußte kein Wort mehr von der Entschuldigung, die ich ihm vortragen wollte, und heulte. Dann bat ich ihn um eine andere Strafe, denn ich dürfe meinen Vater nicht aufregen, weil er sonst vielleicht sterben müßte und ich sei schuld daran.
Er meinte, das fiele mir aber spät ein, ob ich da nicht vorher dran gedacht habe, und wenn es so sei, wie ich sage, müßte ich mich doch ganz besonders zusammennehmen, daß es nicht so weit käme. Ich erinnere mich nicht mehr daran, ob er mir eine andere Strafe gewährte oder mich überhaupt bestrafte, aber ich weiß genau, daß er den Brief nicht geschrieben hat.

Eines Morgens wurde mir während des Unterrichts schlecht. Ich ging auf den Schulhof und mußte mich übergeben.
Das Hausmeisterehepaar bewohnte ein kleines Häuschen auf dem hinteren Hof, den die Schüler nicht zu betreten hatten, auch nicht während der Pausen. Dort lieh ich mir einen Eimer Wasser aus und spülte den Fleck vom freien Platz.
Die Hausmeistersfrau holte mich in ihr Wohnzimmer. Im Sessel wickelte sie eine Decke um mich, mich fror, dann kochte sie mir einen Tee.
Meine Eltern gaben mir eine Büchse Hausmacherwurst für sie mit.
Beide waren sie freundliche Menschen. In den großen Pausen verkauften sie unten im Schulhausflur Brötchen und Brezeln.

Noch nach Jahren ließen sie mir durch einen jüngeren Schüler unseres Dorfes Grüße bestellen.

Am schlimmsten fand ich das Abwaschen. Mich ekelte vor der Fettschicht, die auf dem Spülwasser schwamm, und den Speiseresten am Geschirr. Ich stand am Spültrog und brauchte eine Zeit, um mich zu überwinden, die Hände einzutauchen.
Aber ich sollte es lernen, es würde noch viel im Leben auf mich zukommen, und wenn ich es jetzt nicht lernte und sie mir nachgeben würde, würde ich es nie lernen. «Früh gelernt, ist alt getan», war dann ihr Spruch. Meine Mutter kannte viele solcher Sprüche. Sie hatten für sie das Gewicht einer unabänderlichen Regel. Kam sie in einer Auseinandersetzung mit mir nicht weiter, hatte sie stets einen zur Hand, um mich zu schlagen.
Sie sagte, ich müsse solange abwaschen, bis ich es gerne täte. Bald darauf erklärte ich ihr, daß ich es jetzt ganz gerne machen würde. «Dann darfst du es jetzt tun», sagte sie.

Es hieß, daß Erdbeeren schönes Geld bringen. Viele Leute pflanzten sie an, auch meine Eltern.
Im Dorf gab es eine zentrale Sammelstelle, bei der man Obst abliefern konnte, aber erst nach der Erntezeit wurde abgerechnet und das Geld ausgezahlt. Leute, die einen Acker an einer Straße hatten, stellten ein Schild auf und verkauften die Erdbeeren frisch vom Stock weg. Wir hatten keinen Acker an der Straße.
Meine Eltern stapelten mehrere volle Erdbeerkörbchen schichtweise quer übereinander in den alten Kinderwagen meiner Schwester und banden eine Schnur drumherum, damit beim Fahren nichts umfiele. Ich sollte auch an der Straße verkaufen. Es fiel mir schwer, weil ich schüchtern war und fand, es würde ärmlich aussehen, an der Straße zu stehen und etwas feilzubieten. Mir war, als müßte ich mich anbiedern. «Wer keine will, braucht ja keine zu kaufen», meinten meine Eltern.
Ich stellte mich an die B3 und wartete auf Käufer. Näherte sich ein Auto, hielt ich das Körbchen so, daß der Fahrer die Erdbeeren sehen konnte. Hielt er an, sprang ich das Stückchen Weg zum

Auto hin. Ich brachte es nicht fertig, meine Ware anzupreisen, sondern ließ mich ausfragen, wieviel Pfund es seien und was es kosten solle. Wenn ich das Körbchen über die heruntergelassene Scheibe reichen durfte und das Geld bekam, klopfte mein Herz schnell.
An Wochenenden saßen in den Autos Ausflügler, und ich beneidete die Kinder im Wagenfond. Ich fürchtete, es könnten Mitschüler darunter sein, und ich spähte nach bekannten Gesichtern aus, um mich rechtzeitig verstecken zu können.
Lief das Geschäft nicht gut an der Bundesstraße, schob ich meinen Kinderwagen zu dem Bahnübergang an einer Ausfallstraße des Dorfes. Ich ging mit einem Körbchen an der wartenden Autoschlange entlang, die sich bildete, wenn die Schranken heruntergelassen wurden, und schaute, ob jemand ein Fenster herunterkurbelte.

Wenn ich am Nachmittag auf der Straße mit meinen Rollschuhen auf und ab fuhr, kam manchmal unsere Nachbarin an den Gartenzaun und sagte: «Horch emol, musch jetzt net Rollschuh fahre oder fahr woanders, weisch der Vatter schloft, er hat Nachtschicht.» Ich fühlte mich nicht vertrieben, sondern verstand sie.
Ihr Mann war Schrankenwärter am Bahnübergang außerhalb des Dorfes. Ich sah ihn oft mit dem Fahrrad wegfahren oder von der Arbeit wiederkommen.
Er war ein sehr stiller Mann. Er sei den Zeugen Jehovas beigetreten, wurde in der Straße gemunkelt, und säße oft draußen auf dem Berg, wo er sich auf seinem Grundstück eine Hütte gebaut hätte und die Bibel studiere.

Das Geld für die Eintrittskarte zum Besuch der Fußballspiele war der einzige Luxus, den sich mein Vater gestattete. Sonst brauchte er nie Geld für sich allein. Er hatte einen Geldbeutel, doch er war immer leer, und er trug ihn nie bei sich.
Wenn in der Stadt ein Ligaspiel stattfand, steckte er das Geld für einen Stehplatz in die Rocktasche, befestigte die Metallklammern rechts und links unten an die Hosenbeine und schwang sich aufs

Fahrrad. Er mußte zeitig losfahren, es waren über 20 Kilometer. Es gab schon Leute im Dorf, die ein Auto besaßen, und er freute sich, wenn er gefragt wurde, ob er mitfahren wolle. Aber er selbst fragte nicht, er wollte sich nicht aufdrängen.
Abends nach der Rückkehr legte er das restliche Geld auf Heller und Pfennig auf den Küchentisch. «Aber ein Bier und eine Brezel hättest du dir doch wenigstens gönnen können», sagte meine Mutter, «bei der Witterung kriegt man ja sonst noch einen Hitzschlag.» «Das ist doch unnötig», meinte er dann, «daheim schmeckt's sowieso am besten.»

Ich war mit meiner Mutter in der Stadt, und plötzlich blieb sie vor einem Haus stehn und starrte wie gebannt auf ein Fenster einer Parterrewohnung. Auf dem Fensterbrett vor einer dichten Gardine standen Blumentöpfe. Es waren Amaryllis darin, und einige trugen kelchförmige, orangerote Blüten. Amaryllis waren ihre Lieblingsblumen. Sie hatte einmal einen Stock gehabt, ihn aber nie zum Blühen gebracht.
Sie sagte, ich solle hineingehen und fragen, ob mir die Leute nicht einen Topf verkaufen würden. Selber brachte sie es nicht fertig. Sie versprach mir fünfzig Pfennig, wenn ich es täte, sie wollte ein Stück weiter vorne auf mich warten. Ich war auch zu schüchtern, aber das Haus merkte ich mir, und jedesmal auf dem Schulweg warf ich einen Blick aufs Fenster.
Am Tag vor ihrem Geburtstag bat ich meinen Vater um ein paar Mark. Er nahm etwas aus dem Geldbeutel meiner Mutter, der oben im Küchenschrank hinter einer Porzellanschüssel lag. Ich sagte ihm nicht, wofür ich das Geld verwenden wollte, doch er vertraute mir, daß ich der Mutter etwas Schönes kaufen würde, worüber sie sich gewiß so freuen würde wie noch nie.
Diesmal wollte ich ganz bestimmt fragen.
Ich drückte auf den untersten Knopf der langen Klingelreihe links. Ein älterer Herr stand schon vor seiner Korridortür, als ich die schwere Haustür aufdrückte. Ich sagte ihm, daß meine Mutter Geburtstag habe und daß sie vor seinem Fenster mit den Amaryllis, ihren Lieblingsblumen, gestanden, es aber nicht fertiggebracht habe, zu klingeln und zu fragen, ob sie ihm nicht eine abkaufen könne, sie hätte auch mal eine gehabt, aber die hätte nie geblüht.

Er war überrascht, doch schien er auch erfreut zu sein und ließ mich rein.
Er führte mich ans Fenster, ich durfte selber einen Topf für meine Mutter aussuchen, und er nahm nur wenig Geld.
Meine Mutter weinte fast, daß ich das für sie gemacht hatte.

Man mußte sich in der kalten Jahreszeit viel im Haus aufhalten. Draußen wurde es schon früh dunkel. Wenn die Hühner eingesperrt waren, gab es nichts mehr zu tun.
Abends kam die Nachbarin. Meine Mutter und mein Vater saßen in der Küche, aber sie waren nicht untätig. Meine kleine Schwester spielte noch, ehe sie ins Bett gebracht wurde. Die Nachbarin brachte ihr ‹Strickets› mit, meine Mutter holte auch ihr Strickzeug aus dem unteren linken Fach des Küchenschranks. Sie strickten Socken oder Kleidungsstücke für die Kinder. Einmal strickte sie für meine Schwester braune, lange Strümpfe. Aber sie trug sie nicht gerne, sie kratzten.
Mein Vater ging mit einer Schüssel in den Keller und holte Äpfel. Er schälte sie und machte Schnitze. Die Frauen nahmen sie mit einer Gabel auf, sonst wären die Nadeln nicht mehr gerutscht. Sie sprachen über die Krankheit von Bekannten, davon, wer wieder gestorben sei, und daß man halt älter würde und alles nicht mehr so leicht von der Hand ginge. «'s werden alle älter», sagten sie, und vom Tod: «Das ist noch die einzige Gerechtigkeit auf Erden, sonst könnten wieder nur die, die's Geld haben, sich ein zweites Leben kaufen.» Doch schienen sie von dieser Gerechtigkeit nicht restlos überzeugt zu sein, denn meine Mutter warf ein: «Weil du arm bist, mußt du früher sterben», und darauf meinten sie, da wär auch was dran.

Ich saß am Küchentisch und machte meine Hausaufgaben. Schon seit dem Mittagessen saß ich da. Nachdem meine Mutter den Tisch abgewischt hatte, breitete sie Zeitungen aus, damit meine Bücher nicht feucht wurden. Ich brauchte immer lange, weil ich mich ablenken ließ. «Jetzt guck du doch in deine Bücher, damit man mal wieder an den Tisch kann», sagte sie.
Wenn wir zu Abend essen wollten, mußte ich die Sachen runter nehmen, ich legte sie so lange aufs Sofa, nachher holte ich sie

wieder. Die Nachbarin erkundigte sich, was ich da mache. Ich lernte französische Vokabeln. «O je», meinte sie, und ihre Stimme klang mitleidig und ein wenig vorwurfsvoll, «warum soll denn das Maidel sich so plage, die heiratet ja doch mal, und dann noch französisch.» Das schien ihr besonders exaltiert. «Mer soll so schwätze, wie einem der Schnabel g'wachse isch, die deutsche Sprach ist eine schwere Sprach, haist's, und da langt's doch, wenn man die richtig kann.»
Ich glaube, meine Eltern teilten im stillen noch immer die Meinung der Frau. «Aber wenn sie halt absolut will, jetzt lassen wir sie halt machen.»

Jedes Jahr gegen Ausgang des Winters bekamen meine Eltern heftige Grippe. Zuerst legte sich der eine hin, und wenn er wieder auf den Beinen war, der andere, so als hätten sie es vorher miteinander abgesprochen.
Mein Vater mußte schwitzen. Meine Mutter stellte ihm zwei Wärmflaschen ins Bett, er mußte Glühwein trinken, dann deckte sie ihn mit dem Bettzeug von allen Betten zu, so daß nur noch seine Nasenspitze unterm Berg hervorschaute. Er inhalierte über einem Topf heiße Kamillendämpfe. Sein Kopf steckte dabei unter Frotteehandtüchern wie unter einem Zelt. Manchmal mußte auch der Arzt geholt werden.
Ging es ihm besser, wollte er den Seydlitz, mein Erdkundebuch, haben. Er las über Afrika, Amerika und Asien und meinte, es sei doch erstaunlich, was man alles über die Erde wisse, das sei lehrreich, und die Leute, die in den Büchern schrieben, hätten was erlebt, da käme unsereins gar nicht mit.
Einmal mußte ich ihm ein Buch über Rußland besorgen. Er wollte etwas über das Land erfahren, in dem sein Sohn vermißt war.

Nach den Schwitzkuren türmte sich die Wäsche in der Waschküche auf dem Hof. Die Betten waren ein paarmal frisch bezogen worden und während der Zeit, in der meine Mutter krank war, kam noch mehr hinzu.
Am Abend vor dem Waschtag sortierte sie die Weiß- und die Buntwäsche und weichte sie in Bottichen mit Henkolauge über Nacht ein. Früh am nächsten Morgen wurde der große Waschkessel

angeheizt. Die weiße Wäsche wurde darin in Persilbrühe gekocht. Meine Mutter stand im Dampf, man konnte sie kaum sehen, wenn man von draußen herein kam, und rührte von Zeit zu Zeit mit einem langen, hölzernen Wäschebengel. Verschlangen die Laken ineinander, zog sie den Bengel raus. Dann machte sie Stichproben. Sie drehte ein Wäschestück um den Bengel, zog es hoch und faltete es, nachdem es soweit abgekühlt war, daß sie es anfassen konnte, auseinander, um zu prüfen, ob es sauber war. Stark verschmutzte Stücke bürstete sie auf dem Holztisch mit Kernseife. Sie fischte die Teile nacheinander heraus und legte sie in einen Bottich. Beim Auswringen half ihr mein Vater. Sie faßte das Laken an dem einen Ende an, er an dem anderen, und dann drehten sie solange, bis das Laken zu einem dicken, harten Strang gewunden war. Ein Teil ums andere kam in unsere Zinkbadewanne. Das klare Wasser wurde ein paarmal ausgeschüttet und wieder erneuert. Ehe man die Wäsche aufhängen konnte, wurde sie ein letztes Mal ausgewrungen. Manchmal gab es zwei oder drei Kessel Kochwäsche.
Später hatten wir eine Trommel, die in den Waschkessel gehängt wurde. Sie sah aus wie ein riesengroßes Teesieb, und die Drehkurbel wurde mit der Hand betrieben. Ich habe sie oft bedient. Ich drehte den Griff von mir weg und wieder zu mir her in kreisenden Bewegungen.
Gab es viel Weißwäsche, war man erst am Abend fertig. Die Buntwäsche kam am nächsten Tag dran. Die Schürzen und die blauen Antons, die Arbeitskleidung meines Vaters, wurden Stück um Stück auf dem Tisch mit der Bürste gescheuert. Dann stellte meine Mutter das Waschbrett, das in einer Wanne mit Lauge stand, auf den Hocker. Sie drückte die Wäschestücke auf der Reibe mit beiden Hände rauf und runter, unten tauchte sie sie kurz in die Lauge ein und zog sie, fest an die Reibe gepreßt, wieder hoch.Den Spülvorgang und das Wringen bewältigte sie allein.

Im Sommer hing die Wäsche draußen, im Winter auf dem Schopf. Sie war oft knochenhart gefroren. Beim Auf- und Abhängen half ich meiner Mutter. Ich hatte die Klammerschürze um den Bauch gebunden.
An den Waschtagen gab es nichts Gutes zu Mittag. Ich mußte die Küche allein machen und mich den ganzen Tag um meine Schwester kümmern.
Nach der Wäsche hatte meine Mutter dicke Finger, die Haut

zwischen den Knöcheln spannte und glänzte, oft waren ihre Fingerknöchel aufgerieben.
Sie sagte: «Ich mein grad, ich könnt meinen Arm nicht mehr heben und 's Kreuz bricht mir ab.»
An den folgenden Tagen bügelte sie.

An Weihnachten war die Kirche noch voller als sonst. Besonders die Christmette wurde gut besucht; es kamen auch die Leute, die sonst selten oder nur unregelmäßig in die Kirche gingen. Der Kirchenchor sang und die Ministranten brannten in ihren silbernen Kesselchen, die sie an langen Ketten schwangen, viel Weihrauch ab. Es war feierlich. Die Kinder hatten glänzende Augen, sie dachten an ihre Geschenke, und es gab Frauen, die vor Ergriffenheit weinten. Manchmal hielt ein auswärtiger Herr die Predigt, die Kommunion dauerte lange, zwei oder drei Geistliche teilten sich die Kommunionbank auf, die sich über die ganze Breite des mittleren Kirchenschiffs erstreckte, so viele kamen.
Einmal, noch lange vor der Predigt, verließ eine Frau ihre Bank. Sie hatte beide Hände gefaltet und den Kopf tief nach vorne gebeugt. Ihre Haare fielen in unzähligen kleinen strähnigen Wellen lang über den Rücken, die Schulter und die Brust. An den Locken sah man, daß das Haar sonst fest zusammengeflochten sein mußte; am Haarsaum war es unregelmäßig verfranst und stand ab, so wie die winzigen Rattenschwänzchen kleiner Mädchen, die ihre kurzen Haare zusammenbinden.
So ging sie durch die Kirche und stieg die Treppe hinauf zur Kanzel. Niemand sprach sie an oder hinderte sie, es war so außerordentlich, daß alle Leute wie gebannt hinaufstarrten und eine Totenstille eintrat.
Sie schickte sich an zu predigen, doch über «Liebe Schwestern und Brüder» kam sie nicht hinaus. Der Pfarrer hatte zwei Männer beauftragt, die sie herunterholen sollten. Sie sprachen zuerst auf sie ein, sie verteidigte sich laut, die Muttergottes sei ihr erschienen und hätte sie im Namen Gottvaters beauftragt, eine Botschaft zu verkündigen. Die Männer faßten sie von hinten unter die Arme, doch sie krallte sich an der Kanzel fest und mußte mit Gewalt heruntergeschleift und hinausgebracht werden.
Die Christmette ging weiter, doch es fiel schwer, sich wieder zu

sammeln. Es war noch lange das Dorfgespräch von der, die predigen wollte, und einzelne, ganz wenige allerdings, meinten, es könnte ja doch was drangewesen sein, sie wußten auch, wo die Nische in der Kirche war, in der ihr die Muttergottes erschienen sein sollte, die Mutter Gottes wäre schließlich schon einmal Kindern in einem Dorf erschienen, und vielleicht könne unser Ort Wallfahrtsort werden.
Aber sie wurden nicht ganz ernst genommen, obwohl man ihre Vorstellungen gern aufnahm, da sie neuen Gesprächsstoff lieferten. Die meisten meinten, die Frau wäre nicht ganz recht im Kopf und sei da, wo man sie hingebracht habe, schon recht aufgehoben.

Morgens krähten die Hähne. Sie antworteten sich aus verschiedenen Richtungen.
Die Kirchenglocken läuteten ganz früh zur Messe. Es waren sehr stille Messen, in denen wenig gesungen wurde. Sie waren oft bestellt und von den Verwandten bezahlt worden und wurden für einen Verstorbenen gelesen. «Morgen ist für den Lutz Hannes Kirch», hieß es. Wer ihn gut gekannt hatte, besuchte seine Messe. Es stand auch im Kirchenblättle.
Meist waren nur die älteren Frauen in der Kirche, immer dunkel gekleidet, die jüngeren Frauen waren zu Hause beschäftigt, sie schickten die Kinder zur Schule, die Männer waren schon zur Arbeit aufgebrochen.
Ich hörte das Getrappel der Schritte der Leute, die zum Zug gingen, auch Gesprächsfetzen, die ich nicht verstand. Wenn der Pulk vorbei war, hörte ich hinterher manchmal einen einzelnen rennen, der den Zug noch erreichen wollte.
Unsere Nachbarin war schon auf den Beinen. Sie stand im Garten und rief jedem, den sie kannte, etwas zu.
Von der Küche drangen Geräusche herauf, der Wasserhahn wurde aufgedreht, in der Leitung rauschte es. Meine Mutter fing an, das Frühstück vorzubereiten.
In den Fliederbäumen vor dem Haus sangen Vögel, eine Amsel saß in der hohen Birke, die im Hof des Nachbarn stand.

Mein Vater brauchte nicht viel Schlaf; je älter er wurde, desto weniger brauchte er, er hielt es morgens im Bett nicht mehr aus.

Er saß im Garten auf der alten Holzbank, die er aus einem ausrangierten Zug erstanden hatte, und hatte bereits darauf gewartet, daß es hell wurde.

Meine Schwester und ich teilten uns ein Zimmer. Es war vollgestellt mit Möbeln. Meine Eltern hatten es eingerichtet aus ihrem alten Schlafzimmer, das sie in einem Jahr, das ein gutes Obstjahr war, ausrangiert hatten. Sie hatten sich etwas ‹Neuzeitliches› geleistet.

Rechts an der Wand standen die großen Ehebetten, in denen wir schliefen, mit hohem Kopf- und Fußteil. Sie standen weit über die Mitte des Zimmers in den Raum hinein. Vom Bett aus schaute man auf zwei breite Schränke, die dicht aufeinandergerückt die gegenüberliegende Wand einnahmen. In einem Schrank hatten wir unsere Kleider, aber es blieb noch viel Platz darin frei. Im anderen bewahrte meine Mutter alte und verwachsene Sachen auf, auch ausgediente, durch die Jahre zerschlissene Bettwäsche. Sie hob alles auf. Ich fand, daß es unnötig viel Platz wegnahm, aber sie konnte sich von nichts trennen und sagte, man wisse nie, wozu man es noch mal brauchen könne. Wenn einer von uns Fieber hatte, riß sie ein Stück Tuch für einen Wadenwickel ab, aber man hätte ein ganzes Hospital damit versorgen können.

Zwischen den Fußenden der Betten und den beiden Schränken blieb nur ein kleiner, schmaler Weg frei, über den man an das hintere Bett gelangte. Neben jedem Bett stand ein Nachtschränkchen, aber nur auf meinem stand eine Lampe. Ich hatte sie selbst gemacht, indem ich mit dünnen Weidengerten eine Flasche umflochten und aus demselben Material einen Lampenschirm hergestellt hatte. Neben den Nachtschränkchen standen Kommoden, in einer hatte ich meine Bücher. In die Ecke, zwischen Nachtschränkchen und Kommode, hatte ich einen kleinen, wackligen Tisch gepfercht. Er war schmaler als ein Platz am Schülerpult. Wollte ich allein sein, zog ich mich hierhin zurück. Ein aufgeschlagenes DIN A 4-Heft fand kaum Platz, und mein Ellbogen stieß an die Wand. Brauchte ich ein Buch, legte ich es mir auf die Knie.

Man konnte sich hier nicht aufhalten, wir schliefen nur in dem Raum.

An einer Stelle an der Wand, die über einem niedrigen Möbelstück

frei blieb, hängte ich mir Bilder und Pläne von Orten auf, an denen ich gewesen war. Das war das einzige im Zimmer, was mir das Gefühl gab, daß ich hier zu Hause war.
Auf dem Stockwerk gab es noch ein Zimmer, eine Küche, eine kleine Kammer und eine Toilette. Diese Räume waren an eine ältere Frau, eine Flüchtlingsfrau aus dem Osten, vermietet. Die Miete betrug weniger als dreißig Mark für alles, obwohl noch ein Teil des Kellers, des Speichers und ein kleiner Abstellraum unterm Schopf für das Fahrrad dazugehörten.
Ich bat meine Eltern oft, mir ein eigenes Zimmer zu geben, die paar Mark würden uns auch nicht ärmer oder reicher machen. Sie sagten, sie müßten sparen, und da müsse man jede Mark zusammenhalten. Aber sie brachten es auch nicht fertig, der Frau zu kündigen oder auch nur eine etwas höhere Miete zu verlangen.
Vor dem Einschlafen flüsterte ich mit meiner Schwester, weil unser Zimmer an das Schlafzimmer der Frau stieß. Beide Zimmer waren durch eine Tür miteinander verbunden, vor der die Schränke standen. Die Geräusche drangen hindurch, und wir hörten auch sie von der anderen Seite, wenn sie hustete oder nieste oder sich im Bett umdrehte.

Ich war jede Nacht die letzte im Haus, die einschlief.
Manchmal ging mein Vater oder meine Mutter noch einmal auf die Toilette. An der Art, wie die Tür auf- und zugeschlossen wurde oder an einem Räuspern, erkannte ich sofort, wer es war. Ich hörte, wie die Frau im Zimmer nebenan das Licht ausknipste, und wußte, daß sie gleich im Bett liegen würde, ich merkte es an dem dumpfen Geräusch, wenn sie die Bettdecke zurückschlug. Es wurde ganz ruhig, auch von draußen hörte ich nichts mehr, es kam selten jemand in der Nacht durch unsere Straße. Hörte ich doch einmal eine Haustür ins Schloß fallen, wußte ich, in welchem Nachbarhaus es war. Fuhr in der Nacht ein Fernzug am Bahnhof vorbei, dann konnte es sein, daß mein Bett ein ganz klein wenig zitterte. Je nachdem wie der Wind stand, konnte ich ganz in der Ferne das Rauschen der Autobahn vernehmen. Die Lichter auf der Straße waren erloschen, und ich hörte nur noch die regelmäßigen Atemzüge meiner Schwester, die neben mir schlief.

Eine Freundin nahm mich hin und wieder nach der Schule mit zu sich nach Hause, wenn wir am Nachmittag noch einmal Unterricht hatten. Ich durfte bei ihr zu Mittag essen, ihre Mutter hatte es gestattet.
Im Zimmer lagen Teppiche und auf einem breiten Fensterbrett standen Pflanzen. Manche rankten bis fast zur Decke, sie waren nicht in Töpfen, sondern in einem Behälter, der sich über die gesamte Fensterbreite erstreckte, fast wie ein Beet.
Von draußen verdeckten sie die Sicht ins Zimmer, aber von drinnen konnte man hinaussehen.
Am Fenster hingen kurze Gardinen, die in weichen Bogen herabfielen und das Oberlicht dämpften, sie waren mit Volants eingefaßt.
Auf dem Eßtisch lag eine weiße Decke, in der Wand gab es eine Durchreiche zur Küche, die mit einem Holzgitter verkleidet war und mich an einen Tabernakel erinnerte.
Meine Freundin hatte ein Zimmer, ihre Schwester, die so alt war wie meine, ein anderes. Ihr Schaukelstuhl imponierte mir. Sie hatte nichts dagegen, wenn ich mich hineinsetzte. Sie spielte Klavier, aber das stand in einem anderen Raum.
Ihre Mutter war eine warmherzige Frau. Meine Freundin vertrat ihre Ansichten gegenüber ihrer Mutter sehr hartnäckig und wurde im Ton etwas ausfällig. Auch dann versuchte die Mutter, auf sie einzugehen, ich fand sie sehr sanft, zumindest war sie so, wenn ich dabei war.
Im Sommer saßen wir im Garten hinter dem Haus. Da stand das weiße Gartenmöbel. Ihre Mutter brachte uns Orangensaft und Eiswürfel.
Im Garten wuchs kein Gemüse. Ich erinnere mich an eine hohe, weiße Laterne, wie ich sie aus den Parkanlagen in Baden-Baden kannte. Es war eine alte Kunstschmiedearbeit.
Sie hatten eine Putzfrau aus unserem Dorf, die immer etwas über mich zu erzählen wußte. Meine Freundin hat es mir dann berichtet.

Bei einem anderen Mädchen, zu dem ich seltener kam, standen Filzpantoffeln vor der Wohnung. Ich hatte das noch nie zuvor gesehen und zog meine Schuhe aus. Sie erklärte mir, daß man mit den Schuhen hineinschlüpfe. Ein großer Hund sprang mich im Flur an, aber sie sagte, ich bräuchte keine Angst vor ihm zu haben,

wenn sie dabei sei. Auch sie hatte ein Zimmer für sich, und für die Gäste gab es auf dem Stockwerk eine eigene Besuchertoilette. Manchmal kam ihre Mutter zu uns herein und gab mir die Hand. Aber sie ging gleich wieder. Sie trug ihre Haare kunstvoll hochgesteckt und war blond.
Zu Hause war ich nach diesen Besuchen unausgeglichen und mäkelte unzufrieden an allem rum, ich zog Vergleiche. Ich tat meinen Eltern damit weh, wir gehörten eben nicht zu den Kreisen. Ich sollte dankbar sein, daß sie mich auf die Schule schickten. Wenn ich schon verdienen würde wie bereits viele andere in meinem Alter, dann ginge es ihnen auch besser und ich solle mich anstrengen, vielleicht könnte ich es auch mal so schön haben, aber es wär nicht richtig, daß ich auf sie herabschaue, sie hätten nichts lernen können früher, meine Mutter nicht mal das Nähen, und sie seien auch nicht dümmer gewesen als andere, sagten sie. Ich solle meine Chance nützen.
Ich ging gern zu meinen Freundinnen. Aber als eine meinte, ich sei bei ihnen gerne gesehen, ihr Vater habe gesagt, ich sei ein so frisches Mädchen, mißfiel mir das. Ich meinte, man würde mir die frische Landluft ansehen, und das wollte ich nicht.

Einige Mädchen setzten sich nach der Sportstunde, nachdem sie das Turnzeug ausgezogen hatten, erst eine Weile auf die Holzbank im Umkleideraum. Sie setzten sich so, daß der Träger vom Unterhemd über die Schulter rutschte, während sie sich Luft zufächelten und miteinander schwätzten. Sie taten, als hätten sie nichts bemerkt. Mitunter drückten sie kurz das Kinn gegen den Hals und schlugen für einen Moment die Augenlider nieder und warfen schnelle, flinke Blicke in die Runde, um zu kontrollieren, ob die andern auch bemerkt hätten, was sie zu zeigen hatten. Ich drehte mich beim Umziehen der Wand zu, so daß ich den anderen den Rücken kehrte. Ich wollte nichts sehen und wollte auch ihren Blicken entgehen. Es gab außer mir noch ein paar schamhafte. Wir fanden uns in derselben Ecke des Umkleideraums ein. Manchmal zog ich auch das Turnzeug morgens schon unter die Kleider an. Ein paarmal habe ich mich auch auf der Toilette umgezogen. Die Lehrerin klopfte und sagte, ich bräuchte mich doch nicht zu verstecken, wir seien doch unter uns.

Ich ging nicht mehr gern ins Schwimmbad. Meine Mutter schimpfte, weil ich die Jahreskarte verfallen ließ, die sie mir zum Geburtstag geschenkt hatte. Sie verstand mich nicht, da ich immer gern baden gegangen war, aber ich konnte es ihr nicht erklären.

Manchmal kam mein Vater morgens in die Küche, wenn ich mich fertig machte auf den Zug. «Komm mal her, du alte Schlumpel», sagte er, «zeig mal, wie du aussiehst. Wie sehn denn die Schuhe aus, so kannst du doch nicht gehn. Gib her.» Dann putzte er mir die Schuhe, draußen auf dem Hof, während ich Kaffee trank.
«Jetzt hab ich sie dir wieder gewienert, mal sehn, ob du noch mal einen Mann im Leben findest, der dir die Schuhe putzt», sagte er, wenn er sie mir zurückgab.

Besonders im Sommer war mein Vater lange vor uns allen auf und arbeitete im Garten. Er verlegte ständig Wege und fand stets in einer Ecke noch ein Stückchen Land, wo er ein neues Beet anlegen konnte. Er brachte Pfirsichbäumchen nach Hause, die besonders feine Pfirsiche bekommen sollten, oder pflanzte Zwetschgenbäumchen, die sehr große Zwetschgen tragen würden.
Meiner Mutter wurde es oft zuviel und sie stöhnte, daß er sich doch einmal Ruhe gönnen solle. Er machte sich nichts daraus: «Ihr werdet noch mal an euren Vater denken, später, wenn ihr das Obst seht, dann sagt ihr, er hat's doch recht gemeint.» Als er ein junges Zwetschgenbäumchen gekauft hatte, witzelte er mit meiner Mutter: «Da kannst du dann mal zu den andern Wittfrauen sagen, wenn du das Obst verkaufst, mein Mann hat für mich gesorgt, hat euch euer Mann nichts hinterlassen?»
Er nahm an, daß er früher sterben würde als meine Mutter, denn er war zwanzig Jahre älter als sie. Sie wollte nichts davon wissen. «Hör doch auf so zu reden, da wird einem ja ganz angst, das ist kein Spaß mehr.» Dann lachte er fröhlich und schlenkerte mit den Beinen. «Ach was, ich überleb euch noch alle, ich werd noch hundert Jahre alt, vorgenommen hab ich's mir mal, wenn nichts dazwischen kommt.»

Aber manchmal sagte er auch: «Wenn ich mal nicht mehr da bin, wird ein tiefer Schnee fallen.»

Vom zusammengesparten Feriengeld kaufte ich mir einen knallroten Cord-Stoff. Mein Vater verstand sich aufs Nähen, da er früher seinem Vater zur Hand gehen mußte. Ich machte ihm eine Zeichnung, wie ich mir den Rock vorstellte, seitlich sollte er leicht ausgestellt sein. Zuerst zierte er sich, er verstünd doch nichts von Weibermoden. Doch dann nahm er die Schere in die linke Hand, er war Linkshänder, schnitt mir den Rock zu und machte sich ans Nähen. Es war lange Zeit mein Lieblingsrock. «Der Mann, der hat zwei rechte Händ», sagte meine Mutter, weil ihm alles glückte, was er anpackte.

Entweder wurde für die Kirchenrenovation gesammelt oder für einen anderen besonderen Zweck. Der Pfarrer wies während seiner sonntäglichen Predigt von der Kanzel herab darauf hin. Er sagte, es wäre richtig, wenn man mal tiefer in die Tasche griffe, er wolle es nicht nur klingeln hören, er würde auch mal gern einen Schein sehen, es sei ja auch für eine gute Sache.
Ich spürte, wie es an mir nagte, daß man ihm nichts entgegnen durfte. Er stand da oben und alle hörten zu.
Zu Hause schrieb ich ihm einen Brief, daß ich mich über ihn geärgert hätte und ob er nicht wisse, daß es alte Omas gäbe, die keine Scheine zu verteilen hätten, und daß auch Kinder etwas in den Klingelbeutel tun würden. Ich unterschrieb mit Namen und Adresse.
Eines Tages sagten meine Eltern: «Der Pfarrer war da.» Mein Brief fiel mir ein.
Er hatte ihnen gesagt, daß es ihn freue, daß ich während seiner Predigt so genau hinhorche, und so hätte er's nicht gemeint, wie man's vielleicht hätte auffassen können. Meine Eltern sagten: «Auf Ideen kommst du, das tät sich unsereins nie einfallen lassen, aber eigentlich hast du recht g'habt.»
Ich glaube, sie waren ein wenig stolz auf mich. Aber es wäre anders ausgegangen, hätte sich der Pfarrer über mich beschwert.

Als ich älter war, wurde ich nur noch selten geschlagen, wenn ich gegen die Gesetze des Hauses verstoßen hatte. Zum letztenmal geschah es mit siebzehn, weil ich zu spät heimgekommen war und mich rumgetrieben hatte, wie meine Eltern sagten, und nicht damit herausrückte, wo ich gewesen war. Statt Schläge zu erhalten, wurde ich ohne Essen ins Bett geschickt. Ich stand wieder auf, sobald es unten still war und ich wußte, daß meine Eltern schliefen, und schlich ins Kämmerle. Das war die Speisekammer hinter der Küche, in der wir alle Nahrungsmittel aufhoben, bevor wir einen Kühlschrank hatten. Leicht Verderbliches kam in den Keller.

Ich hatte keinen Heißhunger, und doch verspürte ich eine unwiderstehliche Freßgier. Ich machte mir dicke Brote, auf die ich Wurst und Käse übereinanderlegte. Man aß am Abendbrottisch entweder Wurst oder Käse oder Pellkartoffeln mit Bismarckheringen, doch nie kam alles gleichzeitig auf den Tisch.

Indem ich die Brote hinunterschlang, fraß ich meine Haßgefühle hinunter. Schuldgefühle empfand ich nicht, ich fand, es geschähe ihnen grad recht.

In den folgenden Tagen sprach meine Mutter nicht mehr mit mir. Meine Unverfrorenheit war entdeckt worden, ich hatte mich der gerechten Strafe entzogen. Eines Nachts, als ich wieder aufgestanden war, war die Küchentür zugeschlossen.

Was man gesagt bekommt

Entweder biegen oder brechen.

Hochmut kommet vor dem Fall
Schande folget überall.

Vogel friß oder stirb.

Undank ist der Welt Lohn.

Der Wahn ist kurz, die Reu ist lang.

Wer nicht schafft, braucht nicht zu essen.

Ohne Fleiß kein Preis.

Man muß die Ohren steif halten

Jeder hat sein Päckchen zu tragen.

Wenn du noch eine Mutter hast
so danke Gott und sei zufrieden
nicht jedem auf dem Erdenrund
ist dieses holde Glück beschieden.

'Ꞌs kommt ja doch immer so, wie's kommen muß;
und so muß man's hinnehmen, ob's einem recht ist oder nicht.

Was Hänschen nicht lernt,
lernt Hans nimmer mehr.

Früh krümmt sich, was ein Häkchen werden will.

Immer wenn du meinst, es geht nicht mehr
kommt irgendwo ein Lichtlein her.

Was Gott tut, das ist wohlgetan
auch wenn man's nicht begreifen kann.

Begrüße froh den Morgen,
der Müh und Arbeit gibt.
Es ist so schön zu sorgen
für Menschen, die man liebt.

Sei deiner Eltern Freude
beglücke sie mit Fleiß
dann erntest du im Alter
dafür den schönsten Preis.

Bei meinem Weg ins Dorf kam ich an einem Haus vorbei, aus dessen einem Fenster im ersten Stock eine Frau herausschaute. Sie hatte ein Kissen aufs Sims gelegt und lag dort mit verschränkten Armen. Wenn ich von den Besorgungen zurückkam, lag sie noch immer da. Sie füllte fast das Fenster aus.
Ich sah sie im Sommer und im Winter, auch bei Regen. Regungslos schaute sie auf die Straße hinunter, als habe sie den Auftrag, sie zu überwachen. Da es aber nichts zu überwachen gab, schien es, als warte sie darauf, daß sich etwas Unvorhergesehenes ereigne dort unten auf der Straße, auf der sich nie etwas ereignete.
Kam ich an einem freien Tag morgens vorbei, war sie auch da, auch andere sahen sie stets dort oben. Die Frau im Fenster dieses Hauses gehörte zur Straße wie der Baum im Vorgarten ein paar Schritte weiter. Ein einziges Mal sah ich sie in einem Geschäft etwas einkaufen. Ich schaute noch einmal hin und mir fiel auf, daß sie einen Körper hatte, einen sehr großen und dicken.
Obwohl sie immer da oben war, wenn ich unten vorbeiging, haben wir nie miteinander gesprochen. Ich kannte sie gar nicht.

Die Frau des Arztes wurde von allen mit «Frau Doktor» angeredet, und wenn man von ihr sprach, sprach man von der «Frau Doktor». Sprach man von anderen Frauen, nannte man deren Namen, und wenn man dann noch nicht wußte, wer gemeint war, sagte man zum Beispiel: «dem Heinzmann Otto seine», was soviel hieß wie: die Frau vom Herrn Heinzmann.
Die Frau Doktor war weder Doktor noch Ärztin. Sie war die Frau Doktor, weil ihr Mann, den jeder kannte, Arzt war.
Es gab jedoch auch eine praktizierende Ärztin, die sehr angesehen und beliebt war. Sie hatte viele Patienten. Eine Frau vom Dorf arbeitete bei ihr im Haushalt. Dort zu arbeiten war eine Auszeichnung.
Es gab sonst keine Familie im Dorf, die Hausangestellte hatte. Das unterstrich die Wichtigkeit der Ärztin, und die Arbeit bei einer so angesehenen Person unterschied sich von Arbeiten anderer Art. Auch noch die Angehörigen der Hausangestellten schienen an deren Verdiensten teilzuhaben. Man spürte es aus ihren Gesprächen heraus, sie waren stolz, daß es jemanden so Tüchtiges in ihren Reihen gab.

Vor den Ferien stöhnte meine Freundin, jetzt würden sie wieder nach Spanien fahren, da seien sie doch letztes Jahr schon mal gewesen. Dann schrieb sie mir eine Ansichtskarte, die ich aufgehoben habe wie die vielen anderen, die ich von Freundinnen geschickt bekam.

Liebe Maria!
Wie Du auf der Karte siehst, ist Calarratjada ein Fischerdorf. Es liegt direkt am Meer. Am Freitag besuchen wir wahrscheinlich die Höhlen von A. Die Sonne ist unausstehlich heiß. Ich wünsche Euch einmal solches Wetter! Keine Wolke am Himmel.
Schöne Ferien wünscht Dir Deine B.

Auf der Fotografie hatte sie einen Pfeil eingezeichnet mit der Bemerkung «Unser Hotel». Es lag nahe am Meer.

Während der großen Ferien suchte ich mir eine Arbeit. Im Dorf gab es eine kleine Kartonagenfabrik. Alle sagten dazu ‹d' Schachtel›. Vor allem Frauen und Mädchen aus dem Dorf arbeiteten in der Schachtel, später kamen auch Mädchen aus dem Elsaß im Omnibus. Meine Mutter arbeitete in der Packerei, Tante Rosa stand an einer Stanzmaschine.
In der Fabrik wurden Geschenkkartons für Pralinen, Feinseifen und andere Luxusartikel hergestellt. Die schönsten Schachteln hatten einen gepolsterten Deckel, der mit bedruckter Kunstseide überzogen war. Ich erinnere mich an ein Motiv Rembrandts und an Vögel und Blumen, wie man sie auf alten Stichen sehen kann. An der Kante war eine dünne Kordel entlanggeführt. Innen waren sie mit einfarbigem Stoff ausgeschlagen, der sich locker bauschte.
Ich kam in die Abteilung, in der die vorgestanzten Teile zusammengeklebt wurden. In einem Eimer machte ich den Leim an. Auf kleine, gelbliche Körner schüttete ich etwas Wasser. Dann drückte ich sie kräftig durch die Finger, so daß sie sich auflösten und eine dicke, zähflüssige Masse entstand. Ich füllte unter ständigem Umrühren den Eimer langsam mit Wasser auf. Von den Fingern tropfte der aufgequollene, gelbe Brei. Zum Schluß steckte der Arm bis über den Ellbogen in der klebrigen Masse. Ich streifte Arm und Hand am Eimerrand ab und dachte wehmütig an die Schule.
Ich schlug vor, mit einer Latte zu rühren, aber das ginge nicht, sagten die Frauen, da würde der Leim nicht richtig, sie müßten das ja sonst auch machen. Ich verstand nicht, wie sie es aushielten.

Viele waren schon seit ihrer Schulentlassung da, und sie arbeiteten immer weiter, wenn sie eine Oma hatten, die die Kinder hütete. Ich kam mir nicht vor wie ‹was Besseres›, wie eine Frau meinte, aber mir ekelte vor dem Leim, der stank. Hatte man ihn nicht tüchtig runtergespült, spannte nachher die Haut, und man spürte bei Bewegungen ein leichtes Reißen an den Härchen auf dem Arm, wo man mit dem Wasser nicht hingekommen war. Die Leimreste auf dem Arm sahen aus wie verschmierter Rotz.
Als an einem Nachmittag die Vesperglocke vom Kirchturm läutete, hockte ich im Toilettenvorraum auf dem Fensterbrett und heulte. Da ich lange weggeblieben war, suchte mich eine Frau. Sie fragte, was mit mir los sei, aber ich konnte es ihr nicht sagen.

Eines Abends kam meine Mutter heim und war in Tränen aufgelöst. Sie hatte im Geschäft etwas falsch gemacht, eine Kleinigkeit, und der junge Abteilungschef hatte sich vor sie hingestellt und sie angeschrien vor allen anderen. «Und er wußte doch genau, daß ich's nicht extra gemacht hab», sagte sie.
Mein Vater versuchte sie zu beruhigen, sie solle sich's nicht so zu Herzen nehmen, das sei doch ein Schnösel, ein Rotzbub. Und morgen solle sie einfach daheim bleiben. Er ging zur Fabrik und meldete sie für zwei Tage krank.

Die Ansichtskarten hatten fremdländische Briefmarken und kamen aus Ländern, über die ich nur im Erdkundeunterricht gehört hatte und die ich mir nun im Atlas anschaute. Es waren viele und sie waren fern.
Auf der Rückseite einer sehr schönen Aufnahme vom Erechtheion in Athen schrieb mir eine Freundin:
Liebe!
Du kannst Dir gar nicht vorstellen, wie glücklich ich mich in der Atmosphäre dieser Stadt fühle. Die Kunst, das Klima, die Leute sind einfach herrlich! Sei schön brav bis ich komme – ich freue mich schon!! Kuß R.

Sehr viel später, als ich Volksschullehrerin war und sie noch an der Universität studierte, sprachen wir von den Ferien, aus denen wir gerade gekommen waren.

Ich war zum erstenmal in Griechenland gewesen und sagte ihr, es habe mir so gut gefallen, daß ich noch öfter hinfahren würde. Ich schwärmte so wie damals sie auf der Karte. Sie hatte ihren Urlaub in der Schweiz gemeinsam mit Kommilitonen verbracht. Sie warf mir meinen bourgeoisen Konsumurlaub vor, und ich fragte sie, worin sich dieser von ihrem so wesentlich unterscheide. Sie sagte, ihre Genossen und sie hätten den Urlaub gebraucht, um ihre Kräfte zu rekonvaleszieren für den politischen Kampf. Sie war jetzt in einer sehr linken Studentenorganisation.

In die Stadt fuhr man, wenn man auf eine Behörde mußte, jemanden im Krankenhaus besuchte, wenn man stärkere Gläser brauchte für die Brille oder sonst etwas, was es im Dorf nicht gab. «Da hat man halt eine ganz andere Auswahl. Und wenn's einem nicht gefällt, kann man ungeniert wieder aus dem Laden rausgehen, was man hier nicht machen kann, wo einen jeder kennt», meinte meine Mutter.

Sie brauchte einen neuen Wintermantel. Das war eine große Anschaffung, und mein Vater sollte mitgehen. «Zwei Paar Augen sehen mehr als ein Paar. 's wär mir arg recht, wenn du mitgehen würdest. Den Verkäuferinnen ist das ja ganz egal, die schwätzen einem einfach was auf, Hauptsache, die haben ihr Geschäft gemacht. Und nachher steh ich da.»

Sie zogen ihre Sonntagskleidung an, und meine Mutter holte ihre schwarze Kunstlederhandtasche aus der Waschkommode. Sie steckte Geld ein, das sie aus einem Briefumschlag nahm, der zwischen einem Stapel Bettwäsche im Schlafzimmerschrank lag. Dann gingen sie zum Bahnhof.

Am Abend kamen sie zurück. Sie waren in vielen Geschäften gewesen. Meine Mutter hatte Kopfweh, sie hatte immer Kopfweh, wenn sie in der Stadt gewesen war. Sie trug ihren neuen Mantel. Er war mokkabraun. «Das ist eine gediegene Farbe und paßt zu allem. Da kann man jeden Hut dazu tragen, das beißt sich nicht.» Der Mantel hatte einen breiten, weit ausladenden Kragen, der bis zur Schulter reichte. Mit einem riesigen Knopf wurde er auf der Taille zusammengehalten. Im großen Ausschnitt steckte ein grünbraun karierter, flauschiger Schal. Mein Vater hatte sie ermutigt, sich einen passenden Schal zu kaufen, vorgesehen war es nicht.

«Aber das hab ich ja jetzt wieder ewig», sagte sie entschuldigend, sie hatte die Ausgabe noch nicht verwunden. Bis zur Taille saß der Mantel eng an, dann wurde er weit und bauschte sich glockig bis fast an die Knöchel. Meine Mutter sah darin noch schmaler und kleiner aus als sonst.

Ich mußte an die scheußliche Eierwärmerpuppe denken, die im Wohnzimmerbuffet zwischen den Gläsern hinter der Scheibe stand. Meine Mutter hatte ihr ein rosa Kleid gehäkelt, das sich über die darunterliegenden Eierwärmer wölbte. Mir taten meine Eltern leid. Sie hatten für den Mantel viel Geld ausgegeben, und sie würde ihn jahrelang tragen.

Ich drückte die übereinandergelegten Unterarme in den Bauch. Mit den Händen umfaßte ich fest die Ellenbogen, um den Krämpfen entgegenzuwirken. Der Vormittag in der Schule schleppte sich zäh dahin, und ich wußte nicht, wie ich den Heimweg schaffen würde, die Mappe in der Hand. Noch nie zuvor hatte ich solche Schmerzen und ein derartiges Ziehen verspürt, wenn ich Bauchweh hatte, und seit einiger Zeit wiederholten sie sich immer regelmäßiger. Ich klagte zu Haus stark darüber, und an manchen Nachmittagen lag ich zusammengekrümmt auf dem Bett. Meine Mutter sagte, das käme in dem Alter schon mal vor. Dabei hatte sie wieder jenen unruhigen Blick. Ich wußte, daß man nicht weiter darüber zu sprechen hatte, ich würde schon selbst dahinterkommen.

Manche Mädchen gaben vor dem Sportunterricht der Lehrerin einen Brief ab, während der Stunde saßen sie auf der Bank, die an der Wand aufgestellt war. Sie sagten uns nicht, weshalb sie nicht mitturnten, doch untereinander warfen sie sich Blicke gegenseitigen Einverständnisses zu, sie waren uns in etwas voraus.

Ich versteckte meine Unterwäsche unter dem Berg in der Waschküche, ich wusch sie vorher aus, aber es blieben noch dunkle Stellen. Ich befürchtete, daß mit mir etwas nicht ganz normal sei, und dann vermutete ich wieder, daß es bestimmt das wäre, worüber man nicht spricht.

Eines Nachmittags bemerkte ich, während ich über den Schulaufgaben saß, wie sich meine Mutter in der Küche herumdrückte und so tat, als sei sie beschäftigt. Obwohl wir nicht miteinander rede-

ten, übertrug sich ihre Unruhe und Gespanntheit auf mich. Schließlich setzte sie sich an den Tisch, sie zupfte wieder mit der einen Hand am Ärmel ihrer Strickjacke. Sie müsse mit mir etwas besprechen, sagte sie, es sei ja im Grunde, wenn man's recht nimmt, ganz natürlich, daß man darüber spreche, obwohl ihre Eltern früher nicht so offen mit ihr gesprochen hätten. Sie tat, als müsse sie mich auf eine selbstverständliche Sache vorbereiten, ich spürte dabei ihre Anstrengung, sich selber Mut zu machen. Ich schaute hoch und hoffte, daß die Situation für uns beide bald überstanden sei. Ich wär ja kein kleines Kind mehr, fuhr sie fort – und ich wußte auf der Stelle, worüber sie zu sprechen versuchte, sie hatte meine Wäsche entdeckt –, und in dem Alter würde das unreine Blut aus dem Körper fortgehen. Ich nahm an, daß in der Phase, bevor man erwachsen wird, der Körper sich umorganisiert und die Blutung eine vorübergehende Folge hiervon sei und fragte sie, wann es fertig wäre, ich fände es ekelhaft und lästig. Also darüber müßte ich dann einmal einen Doktor fragen, jede Frau habe so Tage, an denen ihr nicht gut sei. Ich fragte nicht weiter, ich hätte sie dadurch nur unsicherer gemacht, und es wäre noch peinlicher für uns beide geworden. Ich bemerkte ihren bemühten guten Willen, aber sie wußte nicht richtig Bescheid oder konnte mir nicht alles sagen. Da tat sie mir leid, sie machte sich alles so schwer und mir auch.
«Und dann», sie machte noch einmal einen Anlauf, «überhaupt darf man den Männern nicht zu nahe kommen. Weißt, man liest ja in der Zeitung so allerhand, was alles vorkommt, ich muß dir das sagen, denn ich will nicht, daß dir so was zustößt. Die versprechen und versprechen und wenn's dann endlich so weit ist, dann sind sie über alle Berge, und so ein armes, dummes Ding hockt dann einfach da im Elend. Die Frau zieht immer den kürzeren. Bei uns ist ja früher über so etwas nicht gesprochen worden, aber ich muß dir das sagen, eigentlich ist's ja ganz natürlich, und ich mein's doch nur gut.»
Es war eine einzige Ungereimtheit, was sie sagte, aber hinter ihrer Unbeholfenheit zeigte sich die große Angst und Sorge um mich. Ich verstand sie schon.

Meine Mutter war vor dem Krieg in Stellung bei einer Judenfamilie in K. gewesen. Sie hieß Haberstroh, ihre kleine Tochter Marianne. Meine Mutter war für den Haushalt zuständig. Es war noch ein Mädchen da fürs Kind, die Emma.
Die Herrschaft war für peinlichste Sauberkeit. Die Dame des Hauses fuhr mit dem Zeigefinger über die Möbel und kontrollierte nach, ob sich noch Staub fand. Die kleine Tochter lernte es schnell von ihr und überprüfte meine Mutter bei ihrer Arbeit. «Das hat man sich gefallen lassen müssen, dabei hat die Rotznas noch in die Hose gemacht damals», sagte sie.
«Aber ich tät doch gern wissen, was aus denen geworden ist; ob da was dran ist, man hat ja so allerhand gehört, was die mit den Juden angestellt haben, damals. Alles was recht ist, wenn da was dran ist, das hätt man nicht machen dürfen.»

Während der Kriegszeit heiratete im Dorf ein junges Paar mit Naziritual, ohne kirchliche Trauung.
Am nächsten Morgen war mit weißer Farbe auf die Straße gemalt: Wer Gott verläßt, dem droht der Untergang.
Der Spruch erstreckte sich über die Breite des Hauses, in dem das Hochzeitspaar wohnte.

Ins Dorf soll oft ein Hausierer gekommen sein, ‹der Jud›.
Mein Vater fuhr mit dem Zug und traf den Jud. Er setzte sich ihm gegenüber auf die Bank.
Der Jud sagte: «Musch net zu mir sitze, 's isch besser, wenn d'so machsch, als täten wir uns net kenne.»
Niemand wußte, was aus dem Jud geworden ist.

Es ging immer mehr bergab. Die Leute klagten. Unsere Nachbarin rief meiner Mutter über den Gartenzaun zu: «Nichts wie Kopf hoch, unser Führer verläßt uns nicht.» Meine Mutter antwortete: «'s wär besser, er hätt uns schon längst verlassen.» Danach hatte sie tagelang Angst.

Einmal erzählte meine Mutter wieder die Geschichte von ihrer Herrschaft, bei der sie in Stellung gewesen war.
Ich hatte zum zweitenmal das Tagebuch der Anne Frank gelesen. Ich fragte meine Tante, die gerade bei uns war, ob sie denn was

wußte, damals. Sie sagte: «G'hört hat man als mal was, aber man hat nicht so recht geglaubt, daß da was dran war.»

Meine Eltern sagten: «Man hat nichts von ihm wissen wollen. 's war ein Schreihals. Aber man hat nichts machen können; was hättsch denn machen wollen?»

Ich mußte bestimmte Aufgaben bei der täglichen Hausarbeit übernehmen. Ich las lieber und tat es sehr ungern.
Es bekümmerte meine Mutter, daß ich als Mädchen nicht das mindeste Interesse am Haushalt zeigte. «Bei dir hält's mal kein Mann aus, und wie wollte man es nicht verstehen, wenn er heimkäme und es stünde kein Essen auf dem Tisch oder er hätte kein gebügeltes Hemd.» Der Gedanke an Heirat war mir noch sehr fern, und wenn ich daran dachte, wollte ich nicht geheiratet werden, um einem Mann den Haushalt zu führen. Ich müßt noch arges Lehrgeld zahlen, meinte sie.
Mein Vater meinte: «Die wird noch tüchtig Suppe löffeln.» Das hieß: Schmerzliche Erfahrungen machen, bis man sich die Hörner abgestoßen hat. Sie sagte dann: «Du wirst noch mal an mich denken und wirst dir sagen, ‹Meine Mutter hat doch recht gehabt; warum hab ich bloß nicht auf sie gehört.›»

In R. gab es ein Stift, das von Nonnen geleitet wurde. Dort waren Mädchen untergebracht, die unter der Anleitung der Schwestern Handarbeiten und hauswirtschaftliche Tätigkeiten verrichteten.
Ich weiß nicht, ob es verwaiste Mädchen waren, die von der Fürsorge oder von der Kirche betreut wurden. Meine Mutter sagte, dort kämen die Mädchen hin, die daheim nicht parierten. Sie drohte mir damit, wenn ich mich wieder so benommen hatte, daß ich ‹nicht in die Welt paßte›. Wenn ich von ihr nichts annehmen würde, dort würde man mir schon Ordnung und Mores beibringen. Vielleicht würde ich dann mein Elternhaus schätzen lernen. Auf das Geld käme es ihr dann auch nicht mehr an, sie wolle sich später mal keinen Vorwurf machen oder sich vielleicht sogar von mir einen Vorwurf machen lassen müssen, wenn's zu

spät sei, warum sie mich in der Jugend nicht richtig angehalten habe.
Ich glaubte nicht, daß ich ihr jemals diesen Vorwurf machen würde. Ich fand mich nicht ungezogener als die anderen, nur schien meine Mutter alles viel ernster zu nehmen als andere Eltern.
Einmal ging sie mit mir in das Stift, ich sollte es mir ruhig anschauen. Eine Schwester war sofort bereit, uns herumzuführen, offenbar war sie auf diesen Termin schon vorbereitet. Ich war froh, daß wir kein Köfferchen dabei hatten, es schien mir alles schon so perfekt arrangiert, ich hätte gleich dableiben können.
Die schwere Tür war hinter uns ins Schloß gefallen. In einem Zimmer hinter Glasscheiben waren Handarbeiten ausgestellt, die die Mädchen angefertigt hatten. Sie schienen ebensogut zu stricken und häkeln wie zu sticken und zu basteln, denn es gab auch kleine kunstgewerbliche Artikel. Meine Mutter sagte: «Das ist doch wirklich allerhand, was die Mädchen alles lernen.»
Im Bügelzimmer und in der Waschküche sah ich einige der Mädchen. Sie hatten verschwitzte Gesichter, ihre grau-blau gestreiften Röcke reichten bis über die Waden, sie trugen Söckchen, und dazwischen sah man ein kleines Stück der nackten weißen Beine. Ihr Aussehen stieß mich ab; so wollte ich nie sein müssen. Sie wuschen die Wäsche, die Leute, die es sich finanziell erlauben konnten, in das Stift gebracht hatten. Nach ein paar Tagen war sie schrankfertig hergerichtet.
Ich verstand nicht, daß mich meine Mutter dahin geben könnte. Sollte ich so werden wie diese Mädchen? Und warum sollte ich anderer Leute Wäsche waschen? Mußte man das alles auf sich nehmen, um in die Welt zu passen?

In den großen Ferien arbeitete ich wieder ‹in der Schachtel›.
Ich kam ins Lager. Ich stapelte die großen Pakete postenweise aufeinander, bis sie abgeholt werden würden. Sie waren nicht schwer, da nur leere Schachteln darin waren. Wenn die Lastwagen kamen, um die erledigten Aufträge abzuholen, mußte ich laden. Die Fahrer halfen, die unförmigen Riesenwürfel über die Rampe zu heben.

Das Lager wurde von einer Frau aus der benachbarten Stadt verwaltet. Ihre Augenbrauen waren gezupft, sie benutzte Lippenstift, rauchte, und sie war nie grob.
Sie nannte mich Nora, und als ich fragte warum, meinte sie, das würde gut zu mir passen, vielleicht erinnerte ich mich irgendwann einmal daran und würde dabei an sie denken.

Zur Schulentlassung meiner ehemaligen Klasse nach dem achten Schuljahr fand in der Kirche eine Feier statt. Viele Mädchen hatten ihre Haare abschneiden und sich Dauerwellen machen lassen. Sie trugen Kränzchen auf dem Kopf, meist waren es noch die Kränzchen von der Erstkommunion. Einige hatten schon an den Sonntagen vorher Seidenstrümpfe und Schuhe mit hohen Absätzen getragen.
Ich wollte nicht mitmachen, weil ich schon lange auf die andere Schule ging, aber meine Mutter meinte: «Du gehörst doch auch dazu, du schließt dich da nicht aus.»
Ich mußte ein Kostüm mit einem großen runden, weißen Kragen anziehen, in dem ich mir wie verkleidet vorkam. Sie hatte es gegen meinen Protest für mich ausgewählt; ich sollte nicht aus der Reihe tanzen und auch ein Schulentlaßkleid haben.
Es war beschwerlich, in den ungewohnten Schuhen zu gehen, und ich übte es im Haus, weil ich fürchtete, auf der Straße oder in der Kirche damit umzuknicken. Ich machte mit und tröstete mich, daß meine Mitschüler nichts wußten und nichts sahen.
Nach der Schulentlassung gingen manche gleich ‹ins Schaffe›, ins Benz oder in d'Schachtel und brachten ‹scheens Geld› heim.
Die Mädchen, die jetzt über eigenes Geld verfügten, hängten viel davon an ihren Staat, und manche hatten heimliche Verabredungen. Sie putzten sich heraus und blühten auf. Sonntags gingen sie in die Wirtschaften zum Tanzen oder fuhren in die umliegenden Dörfer, wenn sie mit dem Moped daheim abgeholt wurden. Dann hieß es: «Jetz hat se en Kerl, er kommt scho ins Haus.»
Ich ging noch lange zur Schule, als einige schon Kinder hatten und strähnige Haare und sehr viel dicker geworden waren. Ich sah sie, wie sie beim Einkaufen an den Straßenecken beieinander standen. Ich kam mir dagegen wie ein Kind vor. Man hatte sich kaum noch etwas zu sagen, aber man grüßte sich noch. Ein paar schauten auch

weg, als ob man sich nicht kenne. Ich gehörte nicht mehr dazu, das fühlte ich selbst, und ich hätte auch nicht tauschen wollen.

Nach der Schulentlassung konnte man in die Marianische Kongregation aufgenommen werden.
Es gehörten ihr die jungen Mädchen an; aber auch etwas ältere Frauen, die nicht verheiratet waren, gingen ‹zu den Jungfrauen›, wie alle zu der Vereinigung sagten. Hatte ein Mädchen ein festes Verhältnis, kam es nach und nach nicht mehr zu den Versammlungen, die in ‹der Hall› am Sonntagnachmittag oder -abend, manchmal auch wochentags am Abend stattfanden.
Man betete gemeinsam, es wurden Lieder gesungen und hin und wieder kleine Feste gefeiert bei Kaffee und Kuchen. Einmal im Jahr unternahm man einen Ausflug im Omnibus, der Pfarrer kam auch mit.
Die jungen Männer gingen ‹zu den Jungmännern›.
Auch bei den Versammlungen schaute der Pfarrer herein, wenn er gerade Zeit hatte, um sein Interesse zu bekunden, oder der Kaplan, ein junger Herr. Wenn er mit den Mädchen ein paar Worte wechselte, wurden sie rot. Sie fühlten sich geschmeichelt, denn viele schwärmten für ihn. Doch darüber wurde nicht gesprochen, sondern man erzählte sich, daß man beim Einkaufen dem Herrn Kaplan begegnet sei und daß man ihn zuerst gar nicht erkannt habe mit seiner Baskenmütze, die er auf dem Motorroller aufhatte. Einige wußten, wo er studiert hatte, und andere wußten sogar Persönliches von ihm, daß er Geschwister habe, aber sie verrieten nicht, woher sie es wußten und sprachen darüber wie über ein Geheimnis. Man beneidete sie, da sie besonders gute Verbindungen zu haben und ihm näher zu stehen schienen, so wie es jede gern von sich behauptet hätte.

An hohen kirchlichen Festen standen drei aus der Marianischen Kongregation vorne seitlich auf dem Hochaltar. Sie hatten dunkelblaue Röcke an und weiße Blusen. Die mittlere trug die Fahne. Ehe die Messe begann, zogen sie von der Sakristei her ein bis in die Mitte des Kirchenschiffs vor dem Altar. Die beiden rechts und links knieten sich nieder, und die mittlere schwang die Fahne. Dann kamen die Jungmänner. Wieder trug der mittlere die Fahne und schwang sie, aber schwungvoller als es das Mädchen tat, so daß sie sich um die Stange wickelte, während die beiden anderen

sich niederbeugten. Sie stellten sich auf der anderen Seite gegenüber den Mädchen auf. Am Ende der Messe wiederholte sich das Zeremoniell.
Bei der Fronleichnamsprozession zogen sie mit den Fahnen voran, andere aus der Kongregation trugen Heiligenfiguren, die aufrecht auf einer flachen Trage standen. Vier Mädchen faßten jeweils an einem Ende an. Über die Kleider war ein breites Band geschlungen, das von der Schulter herab quer über die Brust bis zur Hüfte lief und noch ein Stück herunterhing. Die Jungmänner trugen die schwereren Heiligenbilder.
Tags zuvor hatten sie geholfen, die Straßen zu schmücken, die Altäre an den Kreuzungen aufzubauen und die Blumenteppiche zu legen.

Meine Mutter wollte, daß ich ‹zu den Jungfrauen› gehe, es gäbe einem einen Halt, und es wäre doch schön, wenn man wüßte, wo man hingehöre, und den Herrgott dürfe man nie im Leben zur Seite schieben. Es kämen noch viele Situationen, wo man ihn bitter nötig hätte.
Mir war bereits die Bezeichnung ‹bei den Jungfrauen› peinlich, aber ich wollte es ihr recht machen und trat bei.
Am Fronleichnam half ich beim Schmücken mit, aber die Fahnen hab ich nie geschwungen. Ich blieb immer häufiger weg und schließlich ganz. Ich sagte meiner Mutter, mir ginge das Geschwätz auf die Nerven, aber sie sagte, da seien so nette Mädchen, ich solle mir nicht einbilden, daß ich etwas Besseres sei, nur weil ich auf einer anderen Schule wäre, und Hochmut käme vor dem Fall.
Es hat sie traurig gemacht, und sie hat es mir noch lange nachgetragen.

Ich hatte immer noch Freude am Rollschuhlaufen. Aber ich wollte nicht dabei gesehen werden. Meine ehemaligen Mitschüler aus der Volksschule arbeiteten zum Teil schon in Fabriken. Wäre ich ihnen auf ihrem Heimweg von der Arbeit begegnet, hätte ich mich in Grund und Boden geschämt.
Ich schnallte die Rollschuhe auf den Gepäckträger und fuhr mit dem Rad aus dem Dorf hinaus auf die Landstraße. Dort lief ich auf

und ab, ich war ganz allein, nur selten fuhr ein Auto vorüber. «Du bist doch noch ein rechter Kindskopf», sagten meine Eltern, aber sie verboten es mir nicht.

Ich hatte in der Zeitung gelesen, daß in Krankenhäusern und Heimen ein Mangel an Pflegepersonal bestünde und daß trotz äußerster Belastung des Personals die Versorgung nicht optimal gewährleistet sei. Es wurde darauf hingewiesen, daß in einigen Städten Frauen und Mädchen sonntags freiwilligen Dienst verrichteten.

Ich ging auf die Verwaltung des Kreiskrankenhauses, um mich zu melden. Doch dort hatten sie noch nichts von der Aktion gehört und sie sagten, daß sie mich nicht brauchen könnten, weil kein Geld vorhanden wäre. Ich erklärte ihnen, daß es mir darum auch nicht ginge.

Alle vierzehn Tage sollte ich sonntags kommen, wenn nötig, auch häufiger.

Ich kam auf eine Männerstation, die von einer Nonne geleitet wurde. Sie freute sich über mein ‹gutes Herz›, und hin und wieder steckte sie mir ein Stück Kuchen zu oder gab mir von den Süßigkeiten ab, die sie geschenkt bekommen hatte. Sie überließ mir die Arbeiten, die ich selbständig bewältigen konnte. Ich trug die Medizin aus, die sie mir auf einem Tablett in kleinen Porzellanschälchen und Gläsern gerichtet hatte, leerte die Enten und half beim Topfen. Ich brachte den Patienten die Mahlzeiten und holte später das leere Geschirr ab. Wenn es surrte, schaute ich auf den Flur, über welcher Tür die runde Lampe aufleuchtete, und ging hinein. Ich trug eine weiße Schürze, die mir meine Mutter zu jedem Dienst neu wusch und stärkte. Einige Patienten sagten «Schwester» zu mir und ich fühlte mich geschmeichelt. Ich wollte später einen Beruf erlernen, bei dem ich mit Menschen zu tun hatte.

Im letzten Zimmer am Ende des Flurs stand nur ein Bett. Dort lag der Opa, so nannte ihn die Schwester und ich schließlich auch. Ich wußte seinen Namen nicht. Der Opa lag schon lange im Krankenhaus, sein Zustand war immer gleich, er konnte nicht leben und nicht sterben, aber es stand fest, daß er bald sterben würde. Solange ich da war, habe ich nie Besuch bei ihm gesehen. Der Opa sprach nicht mehr, er konnte sich nicht alleine aufrichten. Wenn man ihn ansprach, blickte er einen nicht an. Er schaute nur immer geradeaus auf die Tür und röchelte. Die Schwester zeigte mir, wie man ihn fütterte, denn schlucken konnte er noch, und wie man ihm die Kissen aufschüttelte. Mir tat der Opa sehr leid. Ich hatte jedesmal Herzklopfen, ehe ich seine Türe aufmachte, aus Angst, er würde tot sein. Ich bekam Beklemmungen bei seinem Röcheln, dem einzigen menschlichen Laut, dessen er noch fähig war. Beim Füttern sprach ich mit ihm, obwohl er mich nicht ansah und nie eine Antwort gab. Ich fand mich ungeschickt und taktlos, wenn ich sagte: «Schmeckt's, Opa?» Aber ich hielt es nicht aus, stumm neben einem Menschen zu sitzen, dessen Tage gezählt waren und mit dem niemand mehr sprach und der nicht sprechen konnte, und indem ich redete, versuchte ich, die Angst fortzureden und mein Gefühl der Hilflosigkeit zu beschwichtigen.

An einem Sonntag stand ein Bett vor unserem Bau. Das Bettzeug und die Matratzen waren ausgeräumt. Die Schwester sagte mir, ich solle das Bett mit einem Desinfektionsmittel abwaschen, der Opa sei gestorben. Ich war froh, daß es der Opa hinter sich hatte, aber es tat mir auch weh, wie er so ganz nebenbei gestorben war. «Er hat's nicht mehr gemerkt», sagte die Schwester, und ich dachte, man hätte ihm einmal etwas ganz Liebes sagen sollen, und nicht nur ‹Schmeckt's, Opa› oder ‹Wie geht's uns, Opa?›, vielleicht hätte er es doch gehört.

Bei den Bohnen- und Erbsenfeldern stand eine kleine Konservenfabrik. Meine Mutter arbeitete eine Zeitlang dort und hatte mich für die Sommerferien angemeldet. Ich wollte mir ein Fahrrad verdienen. Es war ein weißes Staiger Damenfahrrad mit Dreigangschaltung, das im Schaufenster neben der Buchhandlung stand, in der ich saß. Aber es war teuer.

Am ersten Ferientag fuhr ich mit meiner Mutter in die Fabrik. In der Halle war es feucht und schwül vom Dampf der Kessel, in denen die Bohnen abgekocht wurden. Es war naß. Überall standen Männer und Frauen in Gummistiefeln und langen Gummischürzen. Mit Wasserschläuchen spritzten sie den Boden ab und reinigten die Maschinen und die Metallplatten der langen Arbeitstische. Sie schauten bei ihrer Arbeit kaum hoch, und wenn man beim Vorbeigehen nicht selbst aufpaßte, wurde man naß vom Wasser,

das vom Boden wegspritzte. Manchmal fuhr einem auch einmal ein Mann mit dem Wasserstrahl kurz über die nackten Füße, die in Sandalen steckten. Dann lachte man.
Ich saß mit meiner Mutter in der langen Reihe anderer Frauen und Mädchen auf einer Bank ohne Lehne vor dem Tisch, dessen Anfang und Ende ich, eingekeilt zwischen den arbeitenden Frauen, nicht sehen konnte. Uns gegenüber saß eine andere Reihe vor der breiten Platte. Darauf waren, in greifbarer Nähe, ein paar Weißblechdosen aufgestellt, so wie man es in den Jahrmarktsbuden sieht, wo sie dann mit Bällen umgeworfen werden. Alle trugen Kopftücher und Schürzen.
Andere Frauen schütteten mit einem Gefäß vor jeder ein Häuflein Bohnen aus. Ständig waren sie damit beschäftigt, um den Tisch herumzugehen und zu beobachten, wo das Häuflein kleiner wurde. Dann kamen sie und schütteten wieder hinzu. Bis zum Abend wurde der Platz vor einem nie frei. Zuerst wurden die Bohnen durchsucht nach den schlechten, die in eine verbeulte Büchse kamen, die Abfallbüchse. Jede Frau hatte eine für sich. Auch sie quoll nie über, weil die Frauen auch für die Leerung dieser Dosen verantwortlich waren. Niemand mußte aufstehen. Die guten Bohnen mußten eingelegt, durften aber dabei nicht gedrückt werden. Volle Dosen wurden auf Tabletts abgeholt.
Eines Tages kam die Vorarbeiterin mit einem Block, auf dem die Namen aller Frauen aufgeschrieben waren. Sie notierte fortlaufend, wieviele Büchsen jede geschafft hatte. Sie sagte auch, wer mehr und wer weniger gefüllt hatte. Alle strengten sich noch mehr an, und es wurde wenig gesprochen. Niemand fragte, warum aufgeschrieben würde und ob es etwas mit dem Lohn zu tun habe. Es wurde Stundenlohn gezahlt. Manchmal machte sie eine Stichprobe und leerte wieder die eine oder andere Büchse aus, um zu sehen, ob man korrekt gearbeitet hatte. Meine Mutter schaffte meistens die wenigsten Büchsen, auch das sagte sie ihr. Sie nahm es sich sehr zu Herzen. Sie war nicht faul, nahm es aber mit der Arbeit sehr genau. Fand sie an einer Bohne noch ein kleines Knöpfchen vom Stiel, knipste sie es mit dem Daumen ab. Sie saß ganz verkrampft neben mir und hatte ihre Lesebrille auf. Ich stellte ihr von meinen vollen Dosen immer welche rüber, daß sie sich nicht so schämte.
Eines Tages kam der Chef der Abteilung dazu. Die Vorarbeiterin durfte nicht mehr aufschreiben, wir wurden nicht Akkord bezahlt,

sie hätte uns auf diese Art nicht antreiben dürfen.
Dann wurde meine Mutter versetzt, sie kam ans Schüttelband. So wurde das Band genannt, auf dem die vorgekochten Bohnen, die aus dem Kessel kamen, in Behälter weitertransportiert wurden. Das laufende Band machte rüttelnde Bewegungen, so daß sich die Bohnen gleichmäßig darauf ausbreiteten. Dort stand sie nun, die Lesebrille auf, vor dem tanzenden Band mit den hüpfenden Bohnen und sollte vorsortieren, das heißt, alle schlechten oder zerdrückten herauslesen, damit die Frauen an den Tischen sich nicht mehr so lange damit aufhalten mußten.
Ihr wurde schlecht und schwindlig. Der Vorarbeiter meinte, daran würde sie sich bald gewöhnen, anderen sei es zuerst auch so gegangen. Am Abend konnte sie nicht mehr mit dem Rad heimfahren, sondern mußte es schieben. Sie gewöhnte sich nicht daran, manchmal war ihr so schwindlig, daß sie sich am Band festhalten wollte. Ich schlug dem Vorarbeiter vor, mich an ihrer Stelle ans Band zu stellen. Aber erst nach zwei Tagen durfte sie an meinen Platz am Tisch.
Am Ende der Sommerferien kaufte ich mir das Fahrrad und fuhr damit zur Schule, obwohl ich eine Freikarte hatte.

Vom Dorf in die Stadt, in der ich zur Schule ging, waren es nur sechs Kilometer. Bei guter Witterung fuhr ich mit dem Fahrrad, vor allem in der ersten Zeit, als ich es neu hatte. Ich wählte einen den Steigungen, die nur gering waren, und den Windverhältnissen entsprechenden Gang. Es gefiel mir, mich langsam durch eigene Vorwärtsbewegung der Stadt zu nähern.
Fuhr ich mit dem Zug, stand ich schon nach wenigen Minuten mitten im Trubel auf dem Bahnhof, denn verschiedene andere Vorortzüge trafen gleichzeitig ein. Auf der Straße verschwand ich in der langen Kolonne, die sich der Stadtmitte zubewegte. Tag für Tag war es der gleiche geschäftige Ablauf, der die Leute auf die Beine brachte und sie ihren Tätigkeiten zuführte, fast automatisch. Teils erschreckte, teils belustigte es mich. Oft ließ ich mir die Vorstellung durch den Kopf ziehen, daß fast alle zur selben Zeit in ihren Nachthemden oder Schlafanzügen steckten und daß sie am Morgen wie auf Kommando ihre Zahnbürste im Mund bewegten, einmal nach links, dann nach rechts.

Ich wollte gern den Tag mit mir allein anfangen und den Morgen intensiver erleben, ehe ich wieder in der Schulbank saß.

So fuhr ich durchs Dorf hindurch und bog nach rechts auf den Weg ein, der an der Gärtnerei vorbeiführte, dem letzten Haus zur Linken, dann begannen unvermittelt zu beiden Seiten die Felder, auf denen viele Obstbäume standen. Im Frühjahr fuhr ich durch ein lichtes Blütenmeer, und nach der Blüte war der Weg übersät mit den verwehten Blütenblättern. Im Sommer sah ich nicht selten Rebhühner von den Äckern aufsteigen. Hinter dem Bahnübergang kam ich ins ‹Wäldele›, einem hellen Wald, in dem viele Laubbäume standen, am Wegrand blühten Schlehdornbüsche. Hinter dem Wald stieß ich auf die Bundesstraße, ein dritter Weg kam hinzu von einem der Nachbardörfer. Nun fuhr ich, ein Stück am Waldsaum entlang, geradewegs in die Stadt hinein. Mir war am ganzen Körper warm vom Strampeln, aber auf den nackten Armen prickelte es, sie fühlten sich kühl an vom Wind, das Gefühl war mir angenehm. Auf der Straße traf ich manchmal einen Klassenkameraden und hielt an, um seine Schultasche auf den Gepäckträger aufzuschnallen.

Meine Eltern fanden es dumm von mir, mit dem Rad zu fahren, da ich doch die Fahrkarte hatte, sie verstanden nicht, was mir daran gefallen konnte.

Sie waren auch beunruhigt, denn in der Gegend waren Frauen ermordet worden, und schlimme Gerüchte gingen um, was der Mörder mit den Opfern angestellt habe. Ich stand dabei, wie eine Frau erzählte, daß er einem Mädchen den Bauch aufgeschlitzt und eine Brust abgeschnitten haben sollte. «Stellt euch vor, stellt euch das bloß einmal vor, ist das nicht furchtbar?» sagte sie. Ich meinte, auf ihrem Gesicht und an einem eigentümlichen Zittern der Stimme zu erkennen, daß ihr das Entsetzen auch eine Art grauslichen Behagens zu verschaffen schien, das sich auch auf den Gesichtern ihrer interessierten Zuhörerinnen abzeichnete, obwohl sie voller Abscheu sagten: «So einem gehört die Rübe runter.» Diese Zweideutigkeit machte mich unsicher, ich wußte das Verhalten nicht zu deuten.

Ich hatte keine Angst, denn ich glaubte, zwischen Täter und Opfer bestünde immer eine Beziehung. Schließlich verboten mir meine Eltern rigoros, noch einmal mit dem Rad zur Schule zu fahren. Am Waldsaum, dort wo sich mein Weg mit dem vom Nachbarort traf, war ein Mädchen ermordet aufgefunden worden, die mit dem

Fahrrad unterwegs gewesen war. Den Täter hat man daraufhin gefaßt.

Ich wollte nicht mehr zur Beichte gehen, der Kuhhandel war mir zuwider. Ich sollte mich ganz klein machen, dann würden mir die Sünden vergeben, die der da oben eh schon wußte, der Allwissende. Ich würde wieder sündigen und in Ungnade fallen, auch das wußte er im voraus und ließ es geschehen; er hätte es, so meinte ich, von Anfang an anders einrichten können, wenn er tatsächlich vom Anbeginn der Zeiten da war und den Menschen erschaffen hatte. Es hätte in seiner, des Allmächtigen, Macht gestanden.

Der Pfarrer sagte, es stünde in unserem freien Willen, den uns der Herr mitgegeben habe, uns für oder gegen ihn zu entscheiden. Aber wenn er alles wußte, so wußte er auch, wie wir uns entscheiden würden. Ich fand, er spiele ein grausames Spiel mit den Menschen, und während ich es dachte, fürchtete ich ihn noch mehr. Wie konnte ich es mir anmaßen, ihn erforschen zu wollen und ihm vorzuwerfen, daß er mit uns spiele, da er die Menschen so sehr liebte, daß er seinen einzigen Sohn dahingegeben hatte.

Es war mir auch nicht einsichtig, warum ich erst meine Sünden aufsagen sollte vor dem Pfarrer, da doch Gott ins Herz sieht und sie schon kennt. Ich fand es demütigend, in diesem dunklen Kämmerchen zu knien vor einem Mann, der sein Ohr ans Gitter hielt. Ich mußte mich überwinden, die Intimität des Ortes und des Geschehens zu ertragen. Meine Verfehlungen taten mir schließlich nur deshalb leid, weil sie mich zwangen, wieder dorthin zu gehen. Ich hätte es menschlicher gefunden, Gott direkt zu beichten.

Ich hatte finstere Geschichten gelesen über Päpste, und ich wollte nicht glauben, daß Gott sie ausersehen habe als Hüter seiner Kirche. Ich fragte mich, warum er sie nötig habe für das Amt, das ihnen oblag in direkter Nachfolge von Petrus, dem Felsen, auf dem Gott seine Kirche bauen wollte. Ich wollte mich selbst freisprechen vom Glauben an Dogmen, bei denen man nur glauben und vertrauen mußte, die aber nicht zu verstehen waren.

Sicher, sagte der Pfarrer, irren sei menschlich, aber in Glaubens- und Sittenfragen sei der Papst unfehlbar.

Mir graute vor der alleinseligmachenden Kirche, mir graute noch mehr davor, ihr den Rücken zuzukehren.

Er saß da irgendwo im Verborgenen, die Leute meinten, er throne hinter dem Blau des Himmels, doch daran glaubte ich längst nicht mehr.
Ich wollte an ihn glauben, aus Angst, denn er würde mich erwischen, wo immer ich sei, er würde wissen, was immer ich denke, da gab es kein Entrinnen, selbst nicht im Tod. «Hand an sich zu legen» war die schwerste Sünde; dann käme erst recht die ewige Verdammnis.

Meine Eltern sagten: «Man muß denen vertrauen, dafür haben sie's doch studiert, das sind doch helle Köpf, die werden's schon wissen; nur du meinst alles besser wissen zu müssen, das geht doch noch gar nicht in deinen Kopf, meinst du, du wärst gescheiter als die?»

Einmal zwangen sie mich, zur Beichte zu gehen, als ich mich weigerte. Ich sagte dem Pfarrer, daß ich gezwungenermaßen käme. Da könne er mir keine Absolution erteilen, sagte er, aber er würde für mich beten.

Mit Gott fang an, mit Gott hör auf,
das ist der schönste Lebenslauf

Lieber Heiland, sei so gut
lasse doch dein teures Blut
in das Fegfeuer fließen
wo die armen Seelen büßen
ach, sie leiden große Pein
wollest ihnen gnädig sein

Üb immer Treu und Redlichkeit
bis an dein kühles Grab
und weiche keinen Finger breit
von Gottes Wegen ab.

Fest soll mein Taufbund immer stehen
ich will die Kirche hören
sie soll mich allzeit gläubig sehen
und folgsam ihren Lehren.

Ein Mensch, der wahre Gottesfurcht im Herzen hat
ist wie die Sonne, die da leucht und wärmt
wenn sie auch nicht scheint.

Bet und arbeit
Gott hilft allzeit.

Was Gott tut, das ist wohlgetan
auch wenn man's nicht begreifen kann.

Ein Auge gibt's, das alles sieht
auch was bei dunkler Nacht geschieht.

Gottes Mühlen mahlen langsam
mahlen aber trefflich fein.

Evangelisch ist gut leben
katholisch ist gut sterben.

Hinten in der Ecke im Wohnzimmer stand die Kredenz. Sie war braun, schmucklos und plump.
An der linken Wand über der Kredenz hing ein großes Bild. Es war ein düsteres Bild. Auf einem dicken Buch hockte eine Eule, ihre Krallen griffen zwischen die Seiten, davor lag ein Totenschädel. Die eng zusammengekniffenen Augen der Eule blickten finster und durchdringend ins Zimmer. Die Farben grau, tiefes Weinrot und Schamotte verstärkten die Stimmung dunkler Prophezeiung. Vor diesem Bild stand ich oft, ohne es zu verstehen.
An der Wand rechts daneben hing noch ein Bild von derselben Größe. Vor einem Alpenhaus standen ein paar Leute beieinander, einige trugen Kniebundhosen und auf den Hüten Gamsbärte, ein Mann zog an einer langen, geschwungenen Pfeife. Im Hintergrund stieg das Matterhorn empor.
Die Bilder hatte der Onkel Gustav gemalt, ein Onkel meiner Mutter. Auch ihre Geschwister hatten zu Hause Bilder von ihm aufgehängt, man hielt sie hoch in Ehren, «der hat was los gehabt in der Beziehung».
Auf der Kredenz genau im Winkel zwischen den aufeinanderstoßenden Wänden stand ein Kruzifix, etwa eine Elle hoch und mit greller Goldbronze gestrichen. Gewundene Strahlen mit scharfen Kanten, die aus dem Metall ausgestanzt waren, stachen vom kalkweißen Corpus ab. Davor stand eine bauchige Vase aus senfgelbem, krakeliertem Glas, auf die ein Segelschiff mit vollaufgeblähten Segeln gedruckt war. Im Sommer stellte meine Mutter frische Blumen hinein, immer die, die gerade im Garten blühten. Im Spätherbst holte sie den künstlichen Blumenstrauß aus dem Schrank. Sie nahm die Plastikfolie ab, in die er eingewickelt war, damit er nicht verstaubte. Es waren fünf Chrysanthemen aus Schaumgummi, jede in einer anderen Farbe, auf langen Drahtstielen, die mit dünnen, grünen Schaumstoffstreifen umwickelt waren. Bevor der Strauß im Frühjahr wieder in die Folie verpackt wurde und in den Schrank kam, wusch sie die Blumen in einer Schüssel mit Seifenlauge.
Je älter ich wurde, um so beklemmender fand ich die Ecke. Ich lebte in dieser Wohnung, ohne mich zu Hause zu fühlen, und entfernte mich mehr und mehr von den Anschauungen, die sie widerspiegelte. Ich genierte mich für das Arrangement und hätte am liebsten jedem, der kam, das Tun meiner Mutter entschuldigend erklärt.

Ich fing an herumzumäkeln, der Hausaltar mit seinem Drumherum sei unästhetisch, sogar geschmacklos. Das würde bestimmt auch anderen auffallen, und das sei doch peinlich für uns. Ich sagte, daß man Gottesverehrung nicht derart demonstrieren müsse, sondern daß es genüge, wenn man den Herrgott im Herzen habe. Sie merkte, daß ich auf den Abbau des Hausaltars hinarbeitete und war empört, daß ich mich für meinen Glauben schämte. Wenn man dazu stünde, brauche man sich nicht zu genieren, und das dürften andere ruhig sehen, das sei ihre Meinung. «Du wirst schon noch sehen, wie weit du kommst im Leben, wenn du den Herrgott auf die Seite schiebst», sagte sie.
Eines Nachmittags räumte ich kurz entschlossen und beherzt alles weg. Am nächsten Tag war die Ecke wie vorher, meine Mutter sprach nichts mehr, und ich räumte sie wieder ab. Da wurde sie sehr böse. Meine Einstellung kenne sie und was ich mal später mache in meinem Leben, sei meine Sache, sie hätte den Herrgott schon oft gebraucht. Vielleicht würde ich noch mal an sie denken, wenn ich mir die Hörner eingerannt hätte.
Die Ecke war wieder wie immer.

Die Geschichte ging wie ein Lauffeuer durchs Dorf. Eine Frau hätte den Arzt geholt, weil ihr Kind morgens so lange nicht aufgewacht sei und gar nicht reagiert habe, als sie es habe wecken wollen.
Der Arzt kam und benachrichtigte die Polizei. Die Frau sagte, das Kind wäre hingefallen, aber man stellte fest, daß es an den Folgen von Mißhandlungen über Nacht gestorben war.
Es regnete stark am Tag der Bestattung des Kindes. Die Erde ums Grab herum war aufgeweicht, von dem ausgehobenen Erdhügel rannen kleine Schlammbäche. Ein Ministrant spannte über dem Pfarrer einen großen schwarzen Regenschirm auf. Der Pfarrer hielt das aufgeschlagene Gebetbuch in beiden Händen, vor ihm stand der kleine weiße Sarg.
Der Kirchenchor war nicht da, es wurde kein Lied gesungen. Außer einer älteren Frau, die schon etwas größere Kinder bei sich hatte und von der ich annahm, daß sie die Oma sei, und mir stand sonst keiner am Grab. Die Mutter sollte schon von der Polizei abgeholt worden sein.

Ich war die einzige, die heulte. Weil mich das tote Kind, das ich nie gesehen hatte, dauerte oder weil niemand zu seiner Beerdigung kam.
Ich dachte daran, was die Leute sagten, wenn es bei Beerdigungen regnete: «Dem Glücklichen regnet's ins Grab, dem Unglücklichen am Hochzeitstag.»

Man konnte nicht beides haben, lange Zeit auf die Schule gehen und keinen Verdienst heimbringen wie andere Gleichaltrige, vielmehr den Eltern auf der Tasche liegen und Geld kosten und dazu noch schöne Kleidung. Wenn ich unzufrieden war, sagte meine Mutter, vielleicht könne ich es mir später leisten. Außerdem käme es nicht darauf an, was man anhabe, Hauptsache, es sei sauber, und viel wichtiger wäre, was man im Kopf hätte.
Ich verstand sie und mußte ihr recht geben, aber es half mir wenig.
Viele in der Klasse waren besser gekleidet, sie hatten mehr Sachen und schönere. Mir kam es vor, als trügen sie sie mit großer Selbstverständlichkeit und bräuchten sich um ihr Aussehen nicht so viel Kummer zu machen wie ich. Darauf führte ich es auch zurück, daß sie viel sicherer auftraten. Ich empfand es als enorme Belastung, nur durch das zu leben, was man im Kopf hatte, und damit auf andere Eindruck zu machen. Auch hatte ich das Gefühl, daß einige Lehrer ihre persönliche Freundlichkeit und Zuwendung durchaus nach solchen Äußerlichkeiten verteilten.
Da es aussichtslos war, so zu sein wie diejenigen, die ich beneidete, und ich mir so, wie ich war, nicht gefiel, wollte ich wenigstens aussehen wie keiner sonst. Ich ließ mir die Haare auf Streichholzlänge schneiden, wie es gerade in Mode kam und es erst wenige trugen. Wo der Friseur nicht genug weggeschnitten hatte, half ich mit der Rasierklinge nach und schnitt mir Fransen.
Aus meinem karierten Faltenrock, der so schnell knitterte und den meine Mutter zeitlos und ich bieder fand, nähte ich mir ein Hemd. Ich schnitt sechs rechteckige Stücke zu, die ich aneinandernähte. Man zog das Hemd einfach über den Kopf, und es hing locker herunter. Es hatte keine Paßform und sollte auch keine haben. Am Hals ließ ich die Schulternähte, die bis über die Arme herunterliefen, offen, die Ärmel waren wieder jeweils aus einem Stück und

quer ans herunterfallende Oberteil angesteppt. Ich nähte keinen Saum um, sondern franste die Ränder tief aus. Nach derselben Art strickte ich mir einen Pullover aus dem alten, den ich aufribbelte. Er bestand aus lauter geraden Teilen, Stück an Stück, und war wie ein Sack. Aus der abgelegten Arbeitsstrickweste meines Vaters entstand ein Schal, der, mehrmals um den Hals geschlungen, vorne und hinten noch immer lang herabbaumelte. Meine Hose nähte ich an allen Stellen, wo sie abstand, so eng, daß sie am Bein saß wie eine zweite Haut. Von ein paar alten Schuhen löste ich die Sohle. Aus einer Schnur flocht ich lange, dünne Zöpfe, die ich auf die Sohle passend aneinandernähte. Neben der großen Zehe führte ich eine Schnur vorbei, herauf zum Fußgelenk, zwei kleinere kamen von den beiden Seiten, über den Knöcheln wurde alles zusammengeknotet. Das war nun für lange Zeit meine Kluft. Viele fanden mich ‹ganz toll›; ‹das dürften sie nie von ihrer Mutter aus›. Ich fand mich auch gut, trotzdem hätte ich insgeheim noch immer tauschen mögen.

Meine Mutter verzweifelte fast. Sie ging mit mir zusammen nicht mehr auf die Straße. «Man muß sich ja in Grund und Boden schämen, du siehst aus, als kämst du grad aus einem Zigeunerkarch gelatscht, was sollen bloß die Leute denken, man muß doch noch ein klein bißchen in die Welt passen, das kannst du uns doch nicht antun, man muß doch noch sehn, wo du herkommst, mit dir kann man sich ja nirgendwo mehr blicken lassen, so läuft kein Mensch rum, noch nicht mal der Ärmste aus dem Dorf», sagte sie.

Mir war es egal, was diese Leute dachten. Ich schämte mich nicht. Jeder konnte sehen, daß ich mich vorsätzlich so anzog, und nicht, weil ich heruntergekommen war.

Mokierten sich Leute aus dem Dorf, die meine Mutter kannte, oder Verwandte, ‹wie ich denn rumliefe›, klagte sie, daß sie nichts machen könne, es sei ihr selber arg, ich hätte anständige Sachen und die hingen im Schrank, sie würde mir nichts mehr kaufen, ich würde es ja doch nicht tragen.

Da ich äußerst leicht verwundbar war, wollte ich mich unverwundbar machen. Wenigstens wollte ich so erscheinen. Niemandem sollte es erlaubt sein, mich zu verletzen, was so leicht war. Sie sollten meinen, daß man mir nichts anhaben könne, daß mich ihre

Stiche nicht träfen. Ich wollte ihnen zeigen, daß sie mich nicht klein kriegten. Ich war schon klein, und das wollte ich nicht sein, ich wollte mir selbst Mut machen, indem ich mir ein Selbstbewußtsein bewies, das ich erst produzieren mußte.
In der Schule noch mehr als zu Hause benahm ich mich aufsässig und gab spitze Antworten. Ich bekam im Verhalten eine schlechte Note, worüber sich meine Eltern sehr aufregten, denn «parieren» könnte man. Das müsse jeder und das sei auch später so im Leben. Ich würde schon noch sehen, wo ich hinkäme, wenn ich meinte, mit meinem Dickschädel durch die Wand zu müssen. Und das sollte noch einmal im Zeugnis stehen, oder es sollten ihnen Klagen kommen, dann würden sie mich ungespitzt in den Boden hauen, und sie nähmen mich runter von der Schule. Dafür würden sie nicht sparen, daß ich nur dumme Possen triebe.
Ich saß im Religionsunterricht hinten in meiner Bank und strickte. Zwischendurch kaute ich an einem Apfel und gab bissige Bemerkungen ab. Ich hörte genau zu und stritt mich nach allen Seiten, besonders aber mit dem Lehrer. Zu den Fragen, die er mit uns besprach, hatte ich schon viel gelesen und mich mit ihnen auseinandergesetzt, längst bevor ich wußte, daß sie einmal Gegenstand des Unterrichts würden.
Er stutzte mich nie zurecht, und ich hatte auch nie das Gefühl, daß er über mich erbost war.
Am Tag nach einer Noten- und Versetzungskonferenz sagte mir eine Mitschülerin, deren Vater an unserer Schule Lehrer war, daß über mich heftig debattiert worden sei und daß der Religionslehrer mich rausgehauen habe. Dabei fand ich, daß ich in seinen Stunden sehr viel ungezogener gewesen war als in anderen. Er schien gemerkt zu haben, was mit mir vorging.

In der Schule gab es Söhne und Töchter ‹alter Herren›. Auf den Karten, mit denen diese zu Festen einluden, waren links oben die Initialen der Burschenschaft aufgedruckt, der sie angehörten.
Es war Brauch, daß die jungen Leute, wenn sie sechzehn oder siebzehn Jahre alt waren, gemeinsam in die Tanzstunde gingen. Sie stand unter der Schirmherrschaft einer Verbindung, deren Mitglieder sich zum Abschlußball möglichst vollständig einstellten. Ich glaube, daß bereits vorher abgesprochen worden war,

welcher Junge mit welchem Mädchen den Tanzkurs besuchte. Jedenfalls war ich nie überrascht, wenn ich erfuhr, wer zur Teilnahme eingeladen war, man kannte sich. Ganz habe ich die Zusammenhänge allerdings nie begriffen.

Ich bekam ebenfalls eine Karte mit verschlungenen Initialen. Das erstaunte mich, denn ich gehörte nicht zu den Kreisen. Vielleicht hatte ein Junge bei seinem Vater ein gutes Wort für mich eingelegt, oder es fehlte in diesem Jahr einfach ‹eine Dame›.

Ich dachte, meine Eltern würden es nicht erlauben, doch offenbar beeindruckten sie die drei Buchstaben auf der Karte. Auch stand mein Name eingedruckt darauf, was sich so offiziell ausnahm, daß sie sich vielleicht geschmeichelt fühlten. «Man muß sie ja auch was machen lassen, das gehört ja auch ein bißchen dazu, wenn sie schon auf die Schule geht», sagten sie.

Ich ging zur Tanzstunde und hatte wieder Kleidersorgen. Manchmal lieh mir eine Freundin etwas von sich, damit ich nicht ständig dasselbe anziehen mußte. Ich fand es sehr kameradschaftlich von ihr, während meine Mutter meinte: «Das macht man doch nicht.»

Nach der Tanzstundenzeit wurden viele Parties gefeiert, und die, von denen man eingeladen war, lud man wieder zu sich ein.

Jetzt war ich nicht mehr oft dabei. Ein Junge sagte mir: «Du, ich tät dich gern einladen, aber meine Eltern wollen's nicht.» Er wollte mir etwas Nettes sagen, aber gerade deshalb fühlte ich mich bloßgestellt. Er drückte nur aus, was ich eh schon wußte.

Zu den Parties meiner Freundin durfte ich immer kommen. Sie hatte einen Partykeller, um den sie von vielen beneidet wurde. Ihr Vater hatte ihr beim Herrichten geholfen. Ihre Eltern waren damit einverstanden, daß ich bei ihr übernachtete, damit ich nicht so früh wegmußte; der letzte Zug fuhr schon kurz nach 22 Uhr. Ihre Mutter hatte mir ein Bett gemacht. Ich mochte meine Freundin und schätzte ihre Eltern, aber ich habe es nie fertiggebracht, es ihnen einmal zu sagen.

Bei mir fand keine Party statt. Ich hätte gerne Freunde zu mir eingeladen, aber als ich einmal damit anfing, sagte meine Mutter: «Wo wollt ihr denn feiern, in der Küche?»

Ich kam eines Mittags von der Schule heim und meine Eltern schrien: «Jetzt ist's aus, deine Bücher kannst gleich ins Eck stellen,

nächsten Ersten geht's ins Schaffen, du brauchst nicht mehr in d' Schul zu gehn.»
Ich verstand nichts.
Wenn man solche Possen im Kopf habe, sei's aus mit dem Lernen, dafür hätten sie sich nicht abgerackert, daß ich rumschlumple.
Noch immer begriff ich nicht, worauf sie anspielten; ich merkte, wie mir einzelne Schweißtropfen den Rücken hinunterflossen.
Ich solle ihnen sofort die Adresse aufschreiben, das würden sie unterbinden, dem würden sie einen Riegel vorschieben.
Ich fragte: «Welche Adresse?», und sie sagten: «Von dem Kerl.»
Ich solle bloß nicht so scheinheilig tun, als wüßte ich von nichts.
Ob ich denn nicht mit ihm am Rheindamm gewesen sei, ihnen könne ich nichts mehr vormachen, sie kämen hinter alles.
Jetzt wußte ich, daß sie mein Tagebuch gelesen hatten. Ich hatte einen Freund zwei Klassen über mir. Wir waren zusammen mit dem Fahrrad aus der Stadt hinausgefahren und hatten Spaziergänge gemacht. Manchmal waren wir auch bei ihm zu Haus gewesen. Wir hatten uns noch nicht getraut, Hand in Hand zu gehen, aber ich war das erste Mal verliebt und liebte ihn sehr. Wenn ich ihnen nicht auf der Stelle die Adresse geben würde, gingen sie in die Schule, sie würden es schon rauskriegen, seinen Namen und die Klasse wüßten sie. In der einen Hand die Schultasche und an der anderen einen Schlawiner, das ginge nicht, das würden sie seinen Eltern schon sagen, daß das in unserem Haus nicht geduldet wird.
Ich wußte nicht, was beschämender wäre und demütigender für mich – wenn sie in die Schule gingen, die sie sonst nie betreten hatten, oder zu den Eltern meines Freundes, um ihnen, dümmlich und aufgebracht, die Leviten zu lesen. Ich genierte mich für sie und mich.
Ich kannte seine Eltern, sie hatten mich immer freundlich aufgenommen und uns nie wie unmündige Kinder behandelt. Zwischen ihnen und meinen Eltern schien mir ein unüberwindlicher Abstand zu sein.
Ich strengte mich an, ihnen verständlich zu machen, daß mich seine Eltern bereits kannten und es nur peinlich wäre, wenn sie hingingen. Ich sagte ihnen, daß zwischen ihm und mir doch gar nichts wäre, sie bräuchten sich nicht so aufzuregen. Aber das erschien ihnen noch fataler, daß man mit einem Kerl rumzöge, ohne ernste Absichten, und das sollten seine Eltern wissen. Was

das überhaupt für Leute sein müßten, die so was noch unterstützten.
Meine Mutter fuhr hin und kam unverrichteter Dinge wieder. Die Mutter meines Freundes hatte ihr gesagt, daß sie mich wohl kenne und auch ihren Sohn, und sie nicht einsehe, weshalb sie mich hinausschmeißen sollte, wenn ich zu ihnen käme, es gäbe für sie keinen Grund, ihrem Sohn den Umgang mit mir zu verbieten.
Zu meinem Vater sagte meine Mutter, die Leut hätten völlig andere Ansichten und zu solchen Leuten könnten wir uns nicht zählen, die seien schon ganz anders eingerichtet; da kämen wir nicht mit. Aber was die mit ihren Kindern machten, sei ihr egal, das würden die schon später selbst mal erleben.
Sie verboten mir, den Jungen wiederzusehen, sie würden's schon erfahren, da könnt ich Gift drauf nehmen.

Ich fand meine Tagebücher nicht mehr. Sie hatten sie nicht nur gelesen, sondern mir auch weggenommen. Ich hatte Angst vor ihnen, vor ihren Moralpredigten und vor ihren Strafmaßnahmen. Dabei verstand ich, warum sie so engherzig und hart waren. Sie waren so geworden in einem langen, armen Leben. Ich konnte sie dafür nicht hassen, aber die Umstände empörten mich, die Menschen so werden ließen. Sie verstanden mich nicht, ich litt unter ihnen, und zugleich taten sie mir leid. Ich wollte anders leben.

Der Schlafzimmerschrank war verschlossen und die Schlüssel abgezogen. Ich brach ihn auf und nahm meine Tagebücher. Ich fand mein Tun weniger unrechtmäßig als ihres.
Über den Vorfall verloren sie kein Wort. Meine Mutter sprach wochenlang nicht mehr mit mir und auch später für lange Zeit nur das Nötigste. Morgens klopfte sie an meiner Tür, ohne mich zu rufen oder hereinzukommen.

Trotz des strikten Verbots, meinen Freund zu sehen, und der schlimmen Drohung, mich von der Schule zu nehmen und ‹ins Schaffen› zu schicken, traf ich mich mit ihm. Ich ging allein zu ihm nach Hause, damit uns niemand zusammen sah. Wir verabredeten uns an Plätzen außerhalb der Stadt und gingen auf getrennten Wegen hin.
Ich hatte ständig Angst, entdeckt zu werden. Aber meine Eltern waren im Unrecht; es gab nichts, was sie hätten verbieten müssen,

und ich hatte ihn gern.
Ich überlegte, ob meine Eltern meine Freundinnen beauftragt haben könnten, mich zu beobachten. Doch konnte ich nicht glauben, daß sie mich verraten würden. Ich hatte Hemmungen, sie zu fragen, denn ich fürchtete, sie wären entrüstet, weil ich sie verdächtigte. Und ich genierte mich, da meine Frage die rigiden Verhaltensweisen und Einstellungen meiner Eltern und mein Verhältnis zu ihnen ans Licht brächte.
Ich sah mich vor, wir trafen uns selten und wie Verschwörer.
An einem Sommertag waren wir mit den Rädern in die Rheinauenwälder gefahren. Er hatte heimlich die Pistole seines Vaters mitgebracht, da man ja nie wisse, was alles so vorkommen könnte, und er doch auf uns beide aufpassen müsse. Wir stellten die Räder ab und setzten uns auf den Damm. Dann zeigte er mir, wie man den Revolver entsicherte und zielte. Wir schossen abwechselnd auf die Anhöhe des gegenüberliegenden Dammes.
Es war ein schöner Nachmittag und wir waren übermütig. Er überließ mir die Pistole, sein Vater würde kaum nach ihr schauen, aber ich sollte keine Dummheiten machen und sie niemanden zeigen.
Wir waren so leichtsinnig, daß wir zusammen durch die Stadt zurückfuhren und er mich ein kleines Stück heimwärts begleitete. Wir blieben noch eine Weile stehen, ehe wir uns verabschiedeten. Ich war glücklich über jede Minute und zur selben Zeit wäre ich gerne in Sicherheit gewesen; es hätte uns jemand sehen können.
Wir standen noch und lachten, da fuhr die Frau, die mit uns im Haus wohnte, auf dem Rad vorbei. Sie schaute zweimal her, ich grüßte und dachte im selben Augenblick: Du mußt jetzt ganz harmlos tun, so als wäre es die selbstverständlichste Sache der Welt, hier mit einem Jungen zu stehen, das würde am unauffälligsten aussehen und mich am wenigsten verraten.
Sie lächelte und nickte mit dem Kopf, dann trat sie fest in die Pedale. Ich wußte nicht, ob ihr Lachen ein Zeichen freundlichen Einverständnisses oder boshafte Freude war, daß sie mich erwischt hatte. Ich schickte meinen Freund schnell weg, er sollte sie auf dem Rückweg überholen, damit sie sähe, daß wir nur zufällig und kurz beieinander gestanden hätten.
Mir war, als müßte ich vor dem Jüngsten Gericht erscheinen. Vielleicht hätte ich die Frau einweihen sollen, aber hätte sie nicht gerade dann mit meinen Eltern gesprochen, um ihnen zuzureden,

doch nicht so streng mit mir zu sein? Gerade dann, wenn sie mir hätte helfen wollen, hätte sie das Unheil heraufbeschworen.

In der Nacht konnte ich nicht schlafen. Der Revolver lag unter meinem Kissen, und ich hielt die Hand darunter. Ich holte ihn hervor. Ich hatte Angst zu sterben. Ich hätte sehr glücklich sein können, wenn nicht dieses abgrundtiefe Unverständnis gewesen wäre. Ich nahm mir vor, diese Nacht nie zu vergessen und mich später, wenn ich älter wäre und selbst Kinder hätte, daran zu erinnern. Ich würde nicht vergessen, daß ich einmal jung gewesen war, und meine Kinder nicht für das strafen, was mir von andern verwehrt worden war.

An Weihnachten bekam man brauchbare Dinge geschenkt, einen Schlafanzug, warme Kleidung oder Winterschuhe. Aber einmal lag auf dem Tisch ein Buch über van Gogh mit vielen Bildern. Das hätte ich nie erwartet, denn unnötige Wünsche äußerte man nicht. Meine Mutter war nach R. in die Buchhandlung gefahren, in der ich oft saß, ohne etwas kaufen zu können. Der Besitzer kannte mich. Er fragte nie, ‹womit er mir dienen könne›, sondern ließ mich in Ruhe stöbern. Sie hatte ihn gefragt, welche Bücher mir gefielen, und er wußte, in welchen ich oft geblättert hatte.
Meine Mutter betrat sonst nie eine Buchhandlung; ich bin sicher, mein Vater in seinem ganzen Leben nicht.

Meine Schwester konnte nicht einschlafen, wenn das Licht brannte. Ich wartete, bis sie eingeschlafen war, dann machte ich das Licht wieder an.
Ich schaute noch einmal in die Schulbücher. Auf die schriftlichen Arbeiten konnte ich mich tagsüber eher konzentrieren, auch wenn um mich herum geredet wurde, wenngleich ich viel Zeit brauchte. Aber längere Texte, die wir für den mündlichen Unterricht vorbereiten sollten, konnte ich nicht mehr rekapitulieren. Wenn ich den dritten Abschnitt gelesen hatte, wußte ich kaum mehr, wovon der erste handelte. In der Nacht ging es besser. Die Stille war wohltuend, und ich genoß die Sicherheit, daß mich nun keiner stören

würde, weil das ganze Haus schlief.
Im Winter hatte ich eiskalte Hände, die Finger waren so klamm, daß ich nach kurzer Zeit kaum noch das Buch halten konnte. Ich steckte immer abwechselnd die eine Hand, dann die andere unter die Decke, oder ich wickelte sie um die Hände und klemmte das Buch ein.
Ich las fast jede Nacht bis in den frühen Morgen hinein. Böll, Kafka, Gedichte von Benn, Rilke, die Briefe Vincent van Goghs an seinen Bruder Theo. Einmal hat mir ein Klassenkamerad bei seinem Vater ein Buch über Hypnose ausgeliehen, es faszinierte mich sehr. Ich vergaß die Zeit und wo ich war.
Die Nachbarn fragten meine Eltern, was ich nur die ganzen Nächte triebe. Egal, wann immer sie heimkämen, bei mir würde das Licht brennen.
Meine Eltern verboten mir das lange Lesen, aber ich hielt mich nicht dran. Sie schraubten mir die Glühbirne heraus, der Strom würde einen Haufen Geld kosten, ich würde mir die Augen verderben, und ich bräuchte den Schlaf, kein Wunder, daß ich morgens kaum aus dem Bett käme.
Durch Sonderleistungen, die ich im Haushalt erbrachte, verdiente ich mir die Birne wieder zurück.

Als Sondervergünstigung für die Beschäftigten der Eisenbahn und ihre Angehörigen standen jedem aus der Familie im Jahr zwei Freifahrscheine zu, die man sich auf ein Ziel, das innerhalb der Bundesrepublik lag, selbst ausstellen konnte. Meine Eltern ließen sie jedesmal verfallen, bei einer Fahrt wären zusätzliche Kosten entstanden. Nur meine Mutter benutzte hin und wieder einen, wenn sie ‹nach Haus› fuhr.
Mein Vater hatte mir das Kursbuchlesen beigebracht, und ich wählte mir ein Ziel aus, das allerdings nur so weit entfernt liegen durfte, daß ich am Abend zurück sein konnte. Ich fuhr nach Freiburg, schaute mir das Münster an und aß auf dem Münsterplatz ein Eis. Die Stadt hat mir sehr gefallen, und ich wünschte, auch in einer Stadt zu wohnen.

In den Osterferien fand ich Arbeit in einer Gärtnerei, die sich auf Rosenzucht spezialisiert hatte.
Auf langen Tischplatten standen Setzlinge in Töpfen. Sie sollten umgepflanzt werden ins Freiland. Ich reichte einer anderen Arbeiterin die Töpfe vom Tisch, sie lud sie in eine Schubkarre, draußen luden wir sie aus. Als ich die vorderen Reihen abgeräumt hatte, reichte ich nicht mehr an die anderen Stöcke heran und legte mich mit dem Bauch über die Tischkante. Schließlich nahm ich einen Schemel und stieg hinauf. Die Platte brach und ich rutschte mit dem aufgetretenen Bein durch, bis ich mich mit dem Arm auf dem Tisch abstützen konnte und einen Halt fand. Die rissige, gesplitterte Platte hatte die Haut und das dünne Fleisch über dem Schienbein weggerissen. Ich mußte zum Arzt, und später, weil die Wunde nicht gut heilte, war eine kleine Operation nötig, der Arzt sagte, mir sei wildes Fleisch gewachsen.
Ich hatte nichts verdient und bekam auch kein Krankengeld. Vielleicht hätte ich Anspruch darauf gehabt.

Ich sollte das Kochen lernen, «als Mädchen muß man das können», sagte meine Mutter, «das gehört einfach dazu». Dampfende Kochtöpfe und spritzendes, heißes Fett waren mir widerlich. Ich fand es beschwerlich, am heißen Herd zu stehen, und langweilig, dieselben Handgriffe zu verrichten, tagaus, tagein; Küchenmief fand ich abscheulich. Ich wollte es nicht lernen, bloß weil ich ein Mädchen war.
Jeden Sonntag führten wir denselben Kampf. Sie zog mich am Ärmel an den Herd, wenigstens zuschauen sollte ich, damit ich eine Ahnung hätte. Aber ich lief immer wieder weg. Ich war sicher, daß meine Klassenkameraden nicht am Herd stehen mußten. «Aber das sind doch auch Buben, das ist was völlig anderes», sagte sie.
Sie sorgte sich. Noch nicht einmal eine Suppe könne ich mir später kochen und das als Frau, das dürfe ja gar keiner wissen, da würde ich ja ausgelacht. Sie sollte das doch meine Sorge sein lassen, meinte ich, wenn ich Hunger hätte, würde ich mir halt ein Brot schmieren. Und wenn ich erst verheiratet wäre, warf sie ein, der Haushalt bräche ja schon in den ersten drei Tagen zusammen. Ich dächte überhaupt nicht ans Heiraten, sagte ich und sie darauf:

«Das sagst du jetzt, wart's erst mal ab, es kommt so viel im Leben, wo man nie dran gedacht hätt vorher, du wirst dich noch umgukken, *da* hab ich's gesagt.» Dabei deutete sie mit dem Finger auf die Stelle vor dem Herd, wo sie gerade stand. «Du denkst noch mal an mich. Dir läuft doch jeder Mann davon nach allerkürzester Zeit, bei der Einstellung.» So einen würde ich schon gar nicht heiraten, versicherte ich ihr, und wenn's halt doch passiert wäre, dann solle er doch davonlaufen, wieso könne nicht er diese Suppe kochen, wenn's unbedingt sein müsse. Ich sei verdreht und hätte Flausen im Hirn, meinte sie, so einen müßte ich mir erst noch backen lassen. Ich würde jeden unglücklich machen und solle es besser gleich ganz lassen, ihr jedenfalls würde er heute schon leid tun. «Du mußt dir anscheinend erst noch tüchtig die Finger verbrennen, eh du kapierst, wo's lang geht im Leben.»

Die Kartonagenfabrik erhielt von Zeit zu Zeit Aufträge aus dem Ausland, und es war nicht immer einer da, der die Briefe übersetzen konnte.

Jemand auf dem Büro erinnerte sich daran, daß ich während der letzten Jahre in den Ferien bei ihnen geschafft hatte. Es kam eine junge Frau zu mir nach Hause und fragte, ob ich ein paar Briefe übersetzen wolle, ich könne auch etwas dafür verlangen.

Ich habe das Angebot angenommen. Wir hatten auf der Schule kein Handelsfranzösisch und -englisch gelernt, und wenn ich mir an manchen Stellen nicht sicher war mit meiner Übersetzung, fragte ich einen Lehrer, mit dem ich gut stand. Er hat mir gern geholfen.

Ich habe wenig Geld genommen, ich wußte überhaupt nicht, was man hätte verlangen können.

Meine Eltern sagten: «Ist ja doch schön, wenn man was kann.»

Während der Besatzungszeit waren Franzosen einquartiert gewesen. Bei uns war einmal «ein noch ganz junger Kerl» in Logis; so nannten ihn meine Eltern, wenn sie von ihm sprachen. Er hatte eine Vorliebe für Glacéhandschuhe. Als er krank wurde, pflegte ihn meine Mutter. «Man hat doch den Kerl nicht einfach liegen

lassen können, aber sonst . . . 's war auf deutsch g'sagt e Drecksau.» Morgens konnte er sich nicht allein anziehen. Einen Schuh fand er nicht, die Unterwäsche lag zerknüllt im Bett, das Hemd auf dem Boden. Er kam nicht zurecht und schrie nach meiner Mutter. Sie kämpfte Tag für Tag gegen die Unordnung an, aber am anderen Morgen war es wieder dasselbe. Ihr war unvorstellbar, wie ein Mensch in seinem Zimmer über Nacht so eine Unordnung anrichten konnte.
Er machte meinen Eltern klar, zu Hause mache das Mädchen das. Sie meinten, entweder käme er aus herrschaftlichem Hause oder aus einer Baracke.

Eines Tages standen ein Mann, eine Frau und zwei kleine Mädchen vor der Tür. Der Mann sprach französisch und schaute mich dabei abwartend an. Sie freuten sich, daß ich ihn verstand. Er fragte nach meinem Vater, ich sagte, daß er nicht da sei, ich sei die Tochter. Meine Mutter kam, er packte sie an beiden Oberarmen und schüttelte sie. Sie erkannte ihn sofort. Es war «der Kerl». Die Mädchen tranken von unserem selbstgemachten Apfelsaft, und ich übersetzte, was meine Mutter und er sich zu sagen hatten.
Er war nach dem Studium wieder zum Militär gegangen, hatte geheiratet und vier Kinder. Mit seiner Frau und den beiden älteren Mädchen war er in den Ferien nach Deutschland gekommen, um ihnen zu zeigen, wo er im Krieg überall gewesen war. Meine Eltern hätte er nicht vergessen, die sich so gut um ihn gekümmert hatten. Dabei nickte er immer wieder seiner Frau zu, die offenbar in alles eingeweiht war. Die zwei kleineren Kinder, ein Junge und ein Mädchen, seien bei den Eltern seiner Frau geblieben. Die Dienstmädchen würden sich schon um sie kümmern während ihrer Abwesenheit.
Sie bedauerten sehr, daß mein Vater nicht da sei, freuten sich aber ganz besonders darüber, daß ich Französisch sprach und sagten, ich könne doch im nächsten Jahr im Sommer zu ihnen nach Südfrankreich kommen, wenn ich wolle. Dann schrieben wir noch die Adressen auf. Ich glaubte nicht so recht, daß es ernst gemeint war.
Aber nach einiger Zeit kam ein kleiner Brief, sie waren wieder gut angekommen, und ich sollte es mir überlegen mit der Reise.
Ich lebte auf den nächsten Sommer zu. Meine Eltern, vor allem meine Mutter, hatten arge Bedenken, es sollte meine erste große

Reise sein und dann noch ins Ausland und so weit und zu Leuten, die man doch gar nicht kennt.
Aber mein Vater meinte, Frankreich sei auch nicht aus der Welt, und mit meinem Französisch könne ich mir in jeder Situation behelfen, dazu wär ich ja auch nicht auf die Stirn gefallen, andere junge Leute in meinem Alter würden ja auch schon rumkommen, wenn sich's die Eltern leisten können, und dann hätte man ja immer noch die Adressen von den Leuten, wenn was wär, und außerdem sei er doch beim Militär und bestimmt ein hohes Tier, wenn er es sich erlauben konnte, mit seiner Familie in der Weltgeschichte herumzufahren, da bräucht man nicht so viel Bedenken haben.
Kurz vor den Ferien schickten sie mir aus Südfrankreich das Reisegeld, denn mein Freifahrschein hatte nur bis zur Grenze Gültigkeit. Ich durfte mir noch ein buntes Stöffchen kaufen für ein Sommerkleid, «daß ich auch net so dasteh». Meine Cousine half mir beim Nähen. Meine Mutter redete mir ins Gewissen, ich solle mich niemandem anschließen, dann brachten sie mich an den Bahnhof.
In Straßburg mußte ich umsteigen. Ein Mann setzte sich zu mir ins Abteil und zog die Jalousie an der Tür, die auf den Zugkorridor führte, herunter. Mit ihm wollte ich nicht die Nacht verbringen, ich dachte an meine Mutter. Ich packte meine Sachen und fand ein Abteil, in dem eine ältere Dame saß. Ich fragte sie, ob ich bei ihr im Coupé sitzen könne, und erzählte ihr, warum ich gekommen sei. Sie war sehr freundlich und meinte: «Mais bien sûre, il faut se méfier de tout le monde.» Das war meine erste Unterhaltung im fremden Land.
Am nächsten Morgen stand ich auf dem Bahnhof Saint Lazare. Ich schrieb eine Ansichtskarte nach Hause, trank einen Kaffee, kaufte mir einen Stadtplan und telegrafierte den Franzosen, daß ich einen Tag später kommen würde. Dann ließ ich mich im Taxi zum Eiffelturm fahren. Ich erzählte dem Chauffeur, daß ich gerade angekommen und das erste Mal in Paris sei. Er lachte und meinte, er könne mir sonst noch allerhand zeigen und erklären, er mache es gern, «avec plaisir». Aber ich lehnte höflich dankend ab. Dann stand ich vor dem Eiffelturm, und er sah so aus wie auf den Ansichtskarten oder den Fotos aus dem Krieg, auf denen mein Vater so winzig klein war. Ich wollte nicht gleich am ersten Tag mein Taschengeld ausgeben und fragte einen Polizisten, wie man

Métro fahre. Auch er war zuvorkommend, und hilfsbereit erklärte er mir alles genau.
Am Nachmittag ging ich zu den großen Boulevards. Die Füße brannten mir von dem Weg, der auf der Karte, die ich in der Hand hielt, nur wenige Zentimeter maß, und mir wurde klar, wie groß Paris war. Auf den Boulevards musterte ich die Französinnen, ob sie so hübsch und chic seien wie man sagte. Dann ging ich in ein großes Kaufhaus, ins Les Printemps oder Lafayette und bekam Angst, mich zu verirren oder den Ausgang nicht mehr allein zu finden. Schließlich kaufte ich mir auf einem Flohmarkt einen riesigen rosa Flatterschal und einen Anhänger an einem Lederriemen. Die Nacht verbrachte ich in einer Jugendherberge.
Am nächsten Morgen ging ich zu Sacré Coeur, ich ängstigte mich einen Moment lang zu Tode, als ein Bettler mich von hinten am Arm faßte, und war schließlich froh, als ich wieder im Zug saß und weiterfuhr.
Im Abteil lernte ich einen jungen Deutschen kennen, der mit dem Rucksack unterwegs war. Er stieg mit mir in Biarritz aus. Auf dem Bahnsteig standen monsieur und madame und die zwei Mädchen. Ich streckte die Hand aus, sie küßten mich rechts und links auf die Backen, während ich noch dastand mit der ausgestreckten Hand. Der Junge mit dem Rucksack stand neben mir. Sie nahmen offenbar an, er sei mein Freund, und luden uns in das geräumige Kombiauto. Dort klärte sich das Mißverständnis auf, und madame und monsieur schütteten sich aus vor Lachen. Ich fand, daß ich mich sehr ungeschickt verhalten hatte. Der Junge stieg dann unterwegs aus.
Sie fragten mich, ob ich erst mitkommen wolle in die Stadtwohnung, um mich frisch zu machen, man führe dann noch in die Berge, wo sie zur Zeit bei den Eltern von madame wohnten. Ich sagte, ich würde sehr gern, wenn es ihnen keine Mühe machte, das Meer sehen, ich hätte es noch nie gesehen. Sie fragten «Wirklich?» und natürlich würden sie mich hinfahren, das mache keine Mühe, aber so besonders sei es auch nicht, ich könne es noch oft sehen, einen Teil der Ferien würden wir am Meer verbringen bei den Eltern von monsieur.
Dann stand ich auf einer Anhöhe, unter einer Mauerbrüstung lag der Atlantik. Sie fragten, ob es mir gefiele, und ich brachte es nicht fertig zu sagen, das Meer sei schön. Ich stand nur und schaute, und der erste Gedanke, der mir kam, war, daß ich vielleicht Angst

haben würde, darin zu baden, es war so unermeßlich.
Wir fuhren aus der Stadt hinaus. Monsieur raste wie ein Irrer, die Mädchen fielen in den Kurven auf mich rauf, und wir fuhren hinauf in eine bergige Landschaft in einen kleinen Ort. Wir hielten vor einer hohen Mauer, über die man nicht hinwegsehen konnte, und gingen auf einem Weg, ich glaube, er war mit Kopfsteinpflaster belegt, auf eine Flügeltür zu, die offen stand. Vom Garten und dem Hof vor dem Haus sah ich in der Dunkelheit nichts. Jemand hatte mein Gepäck hereingetragen. Ich stand vor einem schweren, langen Tisch, um den hochlehnige Stühle standen, und von der Decke hing ein ausladender Leuchter mit mehreren Armen, wieder von dunklem massivem Holz. Auch die anderen Möbel waren dunkel und sahen so schwer aus, als seien sie seit Jahrzehnten nicht vom Platz gerückt worden.
Die Eltern von madame begrüßten mich freundlich. Ein Mädchen trug das kleinste Kind auf dem Arm herein, den etwas älteren Jungen hielt sie an der Hand. Ein anderes junges Mädchen, das humpelte, trug das Essen auf. Die große Familie und alle Kinder saßen um den Tisch. Auf dem Tisch stand eine Glocke, und wenn ein Erwachsener oder ein Kind läutete, humpelte das junge Mädchen herein, dann ging sie wieder und kam wieder angehumpelt und brachte, was fehlte. Sie schleppte beim Gehen ein Bein nach, und wenn sie es bei jedem Schritt gerade so weit nachgezogen hatte, daß sie mit dem anderen Bein wieder ausholen konnte, hüpfte ihr ganzer Körper für einen Moment lang in die Höhe. Niemand schien es zu bemerken, aber mir fiel auf, daß sie bestimmt kaum älter war als ich oder genau so alt, und ich fand es unpassend, daß ich an dem Tisch saß, auf dem die Glocke stand.
Man zeigte mir mein Zimmer. Ich hatte ein riesiges Bett, das Holz an Kopf- und Fußende war so hoch, daß ich meinte, auf dem Grunde eines Kahns zu liegen. Eine große Decke lag auf dem Bett, die aus weißem Garn kunstvoll gestrickt war.
Auf einem Tisch standen kristallene Flaschen, in der einen war eine gelbbraune Flüssigkeit, und kleinere Flacons. Ich wußte nicht, was darin war und wozu sie dastanden und getraute mich nicht, sie anzufassen.
Am Morgen stand niemand auf. Die älteren Mädchen hockten in ihren zerwühlten Betten, sie hatten sich irgend etwas zu essen geholt und lasen und spielten. Als sie gegen Mittag aufstanden, blieben sie noch lange in ihren Nachthemden, sie wollten sich auch

nicht kämmen lassen, beide hatten sehr langes Haar, das humpelnde Mädchen hüpfte mit dem Kamm hinter ihnen her.
Dann fanden sie nichts zum Anziehen. Sie machten den Schrank auf, und ein Berg von Kleidern fiel ihnen entgegen, sie wühlten darin, fischten etwas heraus und ließen alles andere liegen. Ich wollte ihnen helfen, die Sachen in den Schrank zu hängen, sie zeigten mir, wie man es macht. Mit beiden Händen schmissen sie alles hinein, drückten mit der einen Hand den Berg nach hinten und mit der anderen klemmten sie die Tür dagegen.
Der alte monsieur trug einen braunen Morgenmantel, der vorne übereinander geschlagen war und mit einer Kordel zugehalten wurde, an der zwei Troddel hingen. Unten schaute der Pyjama hervor und die Pantoffeln. Er hatte die Brille auf und lief mit der aufgefalteten Zeitung hinaus in den Garten, er las im Gehen.
Die Flügeltür stand weit offen zum Hof, in dem hohe alte Bäume standen, unmittelbar dahinter lag der verwilderte kleine Park, und da, wo das Gebüsch nicht so dicht war, sah man die Mauer, die mir am Abend von draußen aufgefallen war. Man war abgeschlossen, fühlte sich jedoch nicht eingesperrt.
Das Kindermädchen war draußen mit dem Kleinsten, das gerade das Laufen lernte, das humpelnde Mädchen war irgendwo in der Küche, monsieur und madame sah ich erst beim Mittagessen, und man aß spät.
Die Hühner liefen frei im Hof herum, sie kamen herein, und einmal saß eines auf dem schönen Tisch, der alte monsieur scheuchte es mit der Zeitung fort, und das humpelnde Mädchen kam mit einem Lappen.
Im Bad lagen unübersehbar viele Döschen, Lippenstifte und Schächtelchen herum. Dazwischen lagen Wattebällchen, die von rotem Lippenstift verschmiert waren, sogar auf dem Boden.
Ich war überwältigt von der Größe des Hauses und von den vielen Dingen, wie vor den Kopf geschlagen. Man lebte mit ihnen, als hätten sie kein Geld gekostet. Ich dachte an meine Mutter, wie sie ihre kläglichen Schätze pflegte, und daran, daß sie früher selbst in Stellung gewesen war, während mich hier ein humpelndes Mädchen zu bedienen hatte, kaum älter als ich selbst. Mir taten die schönen Sachen leid, und am liebsten hätte ich angefangen zu putzen. Ich fand mich nicht zurecht. Kein Ding schien einen bestimmten Platz zu haben, es gab keine festen Zeiten, und man lebte in den Tag hinein, gestern wie heute.

Am Sonntagmorgen zogen wir gemeinsam aus dem Park hinaus in die Messe. Wir hatten eine eigene Bank, man mußte erst eine Kordel aushängen, ehe man sie betrat.
Ich versuchte, mich den Dienstmädchen anzuschließen, und ging zu ihnen in die Küche. Eine war aus Spanien, aber ich verstand ihr Französisch und sie meines. Ich half dem humpelnden Mädchen beim Geschirrabtrocknen. Sie wollte es mir zuerst nicht gestatten, aber ich nahm mir ein Handtuch und faßte einfach zu. Madame überraschte mich, sie nahm mir das Handtuch weg, ich solle in den Garten gehen, in der Küche wäre nicht mein Platz. Dabei schien sie mir sogar etwas erbost zu sein, was ich nicht begriff. Ich brauchte auch mein Bett nicht zu machen, doch meistens habe ich es gleich nach dem Aufstehen gemacht.

Nach einer Woche war es soweit, wir brachen auf ans Meer, zu den Eltern von monsieur. Seine Schwester wollte kommen mit ihrem Mann und den Kindern, auch ein jüngerer, noch unverheirateter Bruder. Die Kinder freuten sich darauf, ihre Vettern und Cousinen zu treffen, die Schwester von monsieur hatte acht Kinder.
Die Mädchen packten, und die Humpelnde mußte ein Kleid suchen von madame, das weite, bunte Hängerchen mit den Spaghettiträgern, madame brauchte es am Meer. Das Mädchen fand es, aber es war zerknittert, und sie mußte es erst bügeln.
Wieder kamen wir in ein großes Haus, und es fand eine stürmische Begrüßung statt, die Kinder tollten herum, aber bald gab es Streit und Tränen. Sie kamen, um sich zu beklagen, zu den Erwachsenen, die ihnen, gerade im Gespräch, beiläufig über den Kopf strichen oder sie schnell an sich drückten und wieder spielen schickten. Für dieses Unverständnis rächten sie sich an ihren Spielkameraden, die bald darauf plärrend hereinkamen.
Das Haus ähnelte einem mächtigen bäuerlichen Gehöft, doch trieb man keine Landwirtschaft. Hinter dem großen Hof lagen die Boxen und der Ring, morgens kamen Leute in Autos zum Reiten, der alte monsieur gab Reitstunden.
Der Garten war nicht eingezäunt, das Gras stand hoch, man schien es nicht zu schneiden, und wenn man ihn ganz hinten bei einer dichten Baumgruppe verließ, kam man ans Meer. Es gab keine Nachbarn. Ich schlief oben im Haus und konnte vom Fenster aus das Meer sehen, in der Nacht hörte ich es rauschen.
Das Haus war voller Menschen, ich wußte nicht, wo alle schliefen.

Großeltern, Eltern und Kinder waren zusammen schon neunzehn, und es kamen immer neue Gäste, zum Teil waren es Bekannte vom alten monsieur, die nach den Reitstunden mit ins Haus kamen, um etwas zu trinken, aber oft saßen sie auch noch mittags an der langen Tafel und aßen mit. Niemand schien zu arbeiten, dennoch herrschte eine undurchschaubare Umtriebigkeit.

Morgens ging einer von den Erwachsenen in die Küche und holte sich einen Kaffee und brach ein Stück vom Weißbrot ab, dann verschwand er wieder. Kleinere Kinder plärrten, manche kamen auch zu mir ins Bett und wollten, daß ich ihnen deutsche Lieder vorsinge.

Ich stand oft früher auf und ging ans Meer. Da war ich allein. Ich suchte mir eine Flasche, die ich mit Meerwasser füllte und zu Hause noch lange aufhob. Wenn ich zurückkam, war noch keiner auf außer ein paar Kindern und den alten Herrschaften. Eines Morgens traf ich die Großmutter im Gemüsegarten, sie saß auf dem Boden und sang. Ich wollte mich vorbeischleichen, denn ich dachte, mit der Frau stimme etwas nicht und es wäre besser, wenn ich sie nicht ertappte. Aber als sie mich sah, winkte sie fröhlich mit der Hand und rief mir zu: «As-tu bien dormi?»

Zum Mittagessen, das zu einer Zeit stattfand, da man zu Hause schon längst die Küche saubergemacht hatte, fand sich alles wieder am ovalen Tisch ein, der von einer Wand im Eßzimmer bis zur andern reichte. Eine weiße Decke lag auf, und man tafelte endlos. Häufig gab es Fleisch, aus dem Blut rann, wenn man mit der Gabel hineinstach. Ich verabscheute es, dabei sollte es besonders gut sein und genau so zubereitet, wie man es am liebsten hatte. Man aß Früchte und trank Kaffee. Zwischen den Gängen lagen Pausen, doch niemand stand auf, es wurde viel geredet, schnell und laut, oft sprach man über de Gaulle, sie mochten ihn nicht, aber ich konnte nicht alles verstehen. Viele saßen bis in den Nachmittag hinein, besonders die Männer. Fehlten Zigaretten, ging einer zum Auto, und dann schüttete er einen Berg von Stangen Gauloises auf den Tisch, die er auf dem Arm herbeigebracht hatte.

Mein monsieur rauchte sehr eigentümlich. Er hielt die Zigarette zwischen Mittelfinger und Ringfinger oder auch zwischen Zeigefinger und Daumen. Die Asche ließ er immer lang stehen, mit Absicht, bis sie sich ein wenig nach unten bog. Dann faßte er vorsichtig, fast zärtlich mit ausgestrecktem Zeigefinger und Dau-

men der anderen Hand zu, nahm die Asche ab und legte sie in den Aschenbecher.
Einige Male fuhr man zum Picknick. Die Eßwaren wurden in große weiße Körbe eingepackt, und das ganze Haus brach auf. Man fuhr mit dem Auto zu einer Stelle am Strand, die schöner sein sollte als die beim Haus. Kaum war man angelangt, wurden die Körbe ausgepackt, jeder nahm sich, was ihm gefiel, der Wind wehte vom Meer, und beim Essen knirschte der Sand zwischen den Zähnen. Niemanden schien es zu kümmern, die Kinder balgten, die Großen lachten und erzählten unentwegt, ich verstand nichts und konnte kaum begreifen, daß sie sich verstanden.
Die Männer rannten am Strand hinter dem Ball her, hin und wieder ging einer ins Wasser, aber nur kurz. Er schüttelte sich und schlug mit den Armen an seinen Körper. Die Frauen blieben sitzen und unterhielten sich, fast alle sprachen auf einmal, an den Kindern störte sich keiner. Ich sollte einen Blick auf sie haben, aber ich konnte sie nicht zusammenhalten. Sie waren wild und ständig fehlten mir welche, ich konnte mich nicht verständigen, sie redeten schnell und demonstrierten mir, was gerade eines der anderen Kinder mit ihnen gemacht hatte. Dabei faßten sie mich am Arm, um zu unterstreichen, was sie mir gerade sagen wollten.
Ich schwamm weit hinaus bis zur Absperrung, wo an einem Seil befestigte Planken lagen. Da war niemand, und den Strand sah ich nur noch in der Ferne. Ich legte mich auf eine Planke, schloß die Augen und schaukelte lange auf dem Wasser.
Kaum war ich an Land gekrochen, überschütteten sie mich mit Vorwürfen. Sie hatten mich vermißt und waren böse und aufgebracht. Sie fragten mich, wie sie es meinen Eltern beibringen sollten, daß ich nach Amerika geschwommen sei.
Ich wurde immer stiller, und schließlich störte es mich auch nicht mehr, was die Kinder trieben, und ich ging immer, wenn es möglich war, ans Meer.
Die Abende nahmen kein Ende, die Männer debattierten, rauchten und tranken. Die Frauen saßen an einem anderen Tisch und spielten Canasta. Ich sollte es auch lernen, aber ich habe es nicht begriffen, und es war mir recht, als sie es aufgaben, es mir zu erklären.
Der Großvater nahm mich mit zu den Ställen. Er zeigte mir die Pferde. Der Stallbursche mußte eines herausholen. Der Großvater sagte, ich könne reiten, wenn es mir Spaß mache. Ich konnte nicht

reiten, da wollten sie es mir beibringen. Zu zweit mußten sie mich hochhieven, ich saß noch nie auf einem Pferd. Ich krallte mich mit beiden Händen am Sattel fest und hatte Angst. Ich sagte ihnen, daß ich das Reiten nicht lernen wollte.
Beim Einkauf auf dem Markt schenkte er mir eine Tüte mit kleinen Krebsen, sie sahen rosa und eklig aus. Er machte mir vor, wie man den Kopf ablöste und das Fleisch herausnahm, und sagte, es sei eine Delikatesse, aber die Schale knackte beim Aufbrechen, und mir war es widerlich.
Morgens überfiel mich das stärkste Heimweh, an meinen Beinen waren kleine angeschwollene Stellen, die heftig juckten. Mich schmerzte der Blick aufs Meer hinaus, aus dem Fenster dieses Hauses.
Madame erwischte mich, wie ich im Garten hockte und weinte. Ich konnte ihr nicht sagen warum, und wenn ich es gekonnt hätte, hätte sie es doch nicht verstehen können. Sie war ärgerlich und meinte, ich sei gar nicht so, wie sie sich die Deutschen vorgestellt hätte, die Deutschen seien doch fröhlich. Vielleicht dachte sie an den Karneval in Deutschland.
Ich dachte an zu Hause und es tat mir weh. Beim Mittagessen saß eine ältere Dame, die zu Gast war, neben mir und wollte sich mit mir über Deutschland unterhalten. Sie sprach etwas Deutsch. Madame fuhr dazwischen und sagte, sie brauche sich keine Mühe zu geben, mit mir könne man Französisch sprechen, ich verstünde es sehr wohl.
Ich schrieb jeden Tag nach Hause, sie sollten mir ein Telegramm schicken, daß mein Vater krank sei und ich kommen solle. Meine Eltern ließen mich ein wenig warten, doch dann kam es.
An der Art, wie die Franzosen es aufnahmen, spürte ich, daß sie mir nicht mehr trauten. Madame brachte mich an den Bahnhof. Ich sollte ihr aus Deutschland eine Platte schicken von Nana Mouskouri, «Weiße Rosen aus Athen», es gefiele ihr das Lied so gut, wenn es Nana Mouskouri auf deutsch singe. Auf der Rückreise stieg ich in Paris nicht mehr aus.

Zuerst war ich sehr froh darüber, wieder zu Hause zu sein. Aber nach ein paar Tagen bekam ich Sehnsucht nach dem Meer. Ich wollte wieder hinfahren, später, aber woandershin.

In der Straße kannte jeder jeden. Die Generationen lösten sich langsam ab, und häufig wohnten die Großeltern oder ein überlebender Teil mit den inzwischen verheirateten Kindern und den Enkelkindern unter einem Dach. In der Art, wie man lebte und eingerichtet war, gab es keine großen Unterschiede, man hatte die gleiche Herkunft und übte einen ähnlichen Broterwerb aus, das schaffte eine allgemeine Gleichheit.
Heiratete jemand vom Nachbarort ein, war er «kein Hiesiger», und die aus dem fernen Elsaß, das in Wahrheit sehr nahe war, galten als falsch.

Im alten Ortskern standen die Häuser direkt auf der Grenze zum benachbarten Grundstück. Vom Küchenfenster aus sah man dem andern in den Hof hinein, und vom Hof sah man auf die Hauswand mit dem Küchenfenster. Morgens sah man den Nachbarn, wie er in die Ställe ging, um das Vieh zu füttern, und abends, wie er die Hühner einsperrte und den Hof aufräumte. Man rief sich ein paar Worte zu oder tauschte die Neuigkeiten des Dorfes aus. «Hasch scho g'hört?» sagte man. Oder man fragte, ob man sich etwas ausborgen könne. Sah man den anderen nicht, war man beunruhigt und erkundigte sich, ob er krank geworden sei.
Schwierig wurde es, wenn zwischen Nachbarn Streit bestand und die Hauswand repariert oder gestrichen werden sollte. Denn der andere mußte einwilligen, daß der Nachbar seinen Hof betrat, um eine Leiter oder ein Gerüst aufzustellen. Lebte man seit langem in Stummheit und gegenseitiger Ächtung – «Die seh ich gar nicht», sagte man dann –, dann kam es vor, daß der eine in seinem Hof einen Baum dicht vor das Küchenfenster des anderen pflanzte oder eine schnellwachsende Hecke hochzog. Er wollte jetzt auch nicht mehr gesehen werden, und der Baum war ein Sinnbild für die unterbundene Kommunikation. Dann konnte man den andern die Unverschämtheit beklagen hören, er kriege jetzt gar kein Licht mehr in die Küche und müsse deshalb schon viel früher, wenn's eigentlich noch Tag sei, das Licht anmachen.

Einmal besuchten wir Rosemarie. Ihr kleiner Sohn Harald spielte in einer Ecke mit Bauklötzen. Er fing gerade zu sprechen an, sauber war er schon, und jetzt sollte er zeigen, was er bereits alles konnte.
Rosemarie: Harald, komm e mol her!

Harald: Hä ä.
Rosemarie: Aber schnell, i will's aber net noch e mol sage;
(das Kind kommt) Du musch doch horche, wenn d' Mama ruft. (zu uns) Der pariert scho, wenn mern richtig opackt. Gib der Frau 's Händele un sag gute Tag, aber 's scheene Händele; 's annere. Un jetzt sagsch mol der Frau, wie du heisch.
Harald: Harri.
Rosemarie: Un wo isch der Baba, Harri? Sag mol der Frau, wo der Baba isch.
Harald: Im Schaffe.
Rosemarie: Un wo isch d' Oma?
Harald: Bim Gottele.
Rosemarie: Un wo isch's Gottele, Harri?
Harald: Im Himmel.
Rosemarie: Du, Harri, zeig mol der Frau, wie's Bubel bete tut, wie tut's Bubel bete?
Harald: So (das Kind faltet die Hände zusammen und drückt das Kinn gegen den Körper).
Rosemarie: Un jetzt zeigsch mol der Frau, wie groß du bisch, wie groß isch's Bubel?
Harald: So groß (das Kind streckt seine Ärmchen senkrecht hoch und hält die Hände wie ein kleines Dach über seinen Kopf).
Rosemarie: Un wie muß mer sei Harri? Des sagsch jetzt noch der Frau. Wie muß mer sei?
Harald: Lieb.
Rosemarie: Un wo gibt's no we'mer net lieb isch?
Harald: Uff de Bobo (er dreht ein Ärmchen nach hinten und klapst sich leicht auf sein Hinterteil).
Rosemarie: Oh, du bisch halt der Mama ihr Lausbu (sie nimmt ihn hoch) – was bisch du?
Harald: De Mama ihr Lausbu.
Sie setzte ihn wieder auf den Boden und er ging zu seinem Spielzeug.

Kam unvorhergesehener Besuch, was selten geschah, und war es jemand, durch dessen Erscheinen sich meine Eltern geehrt fühlten, weil sie sich nicht zu den Kreisen zählten, in denen jener normalerweise verkehrte, dann verschwand meine Mutter für einen Augenblick. Wenn sie wiederkam, hatte sie eine frische Schürze umgebunden oder die Bluse gewechselt. Sie legte eine gebügelte Stofftischdecke auf, sonst lag werktags keine Decke auf dem Tisch oder nur ein Wachstuch. Mit beiden Händen strich sie die Decke glatt, ihre Backen waren leicht gerötet, und sie gab sich Mühe, leichthin zu plaudern, um die Situation natürlich und zwanglos zu gestalten. Sie tat so, als habe sie gerade eben die Decke auflegen wollen und als hätte der Gast, wenn er zwei Minuten später erschienen wäre, sie ohnehin vorgefunden.

Sie holte aus der hinteren Ecke des Wohnzimmerbuffets die dunkelgrüne, dickglasige Flasche mit dem Johannisbeerlikör, den sie selber aufgesetzt hatte. «Ich darf Ihnen doch ein Likörchen anbieten?» sagte sie. Lehnte der Gast dankend ab, da er noch Auto fahren und bald aufbrechen müsse, meinte sie: «Der tut Ihnen nichts, so ein Likörchen, der ist ganz natürlich, der ist nicht gepanscht, da kann Ihnen nichts passieren.» Sie holte eines von den guten Gläsern aus den Glasvitrinen des Buffets hervor. Mit einem frischen, rot-weißkarierten Küchenhandtuch aus der Schublade rieb sie es aus, hielt es vor das Licht, das vom Fenster einfiel, und fuhr noch einmal mit dem Daumen unter das Handtuch und ließ ihn kurz in dem kleinen Glas kreisen, bevor sie einschenkte. Sie nahm mich heimlich beiseite und schickte mich los, eine gute Flasche Wein beim Küfer zu holen, aber eine gute sollte ich verlangen. Sie mahlte Kaffeebohnen. Für einen «richtigen Kaffee» ließ sie eine halbe Handvoll Bohnen mehr in die Öffnung der Mühle rieseln, als wir es sonst für unseren Sonntagskaffee taten.

Man sprach davon, wie doch die Zeit verginge und daß es schon wieder so lange her sei, seit man sich zum letztenmal gesehen habe, und daß es schön sei, daß der Gast wieder mal den Weg hergefunden hätte; daß es immer Arbeit gäbe, mit so einem Garten hätte man schon immer viel zu tun, daß man aber zufrieden sei, wenn man nur immer gesund bliebe, das sei die Hauptsach'. Man sprach von den Kindern, die heranwüchsen, es würden alle groß und hoffentlich blieben sie brav, vom Wetter und von der zu erwartenden Obsternte; daß alles teurer würde, daß es sich aber auch richtiggenommen nicht recht lohne, etwas anzubauen, um es zu verkaufen, von einem rechten Verdienst könne man eigentlich nicht sprechen, denn die Arbeitszeit, die drinstecke, bis alles soweit sei, dürfe man gar nicht rechnen.

Sie holte von der besseren Büchsenwurst aus dem Keller und vom Schinken. Wir schlachteten jedes Jahr ein Schwein, das wir selber gemästet hatten. Sie schnitt dicke Scheiben von der Bierwurst und der Leberwurst auf und legte sie auf eine Platte. Wir aßen zum Vesper nur eine Sorte und häufig Blutwurst.

«Greifen Sie ungeniert zu», sagte sie. Wenn man ihr versicherte, es sei wirklich gut gemeint, und es schmecke auch ausgezeichnet, aber man könne wirklich nicht mehr, meinte sie: «Das eine Brot wird Ihnen keine Rippe rausdrücken, nur hingelangt und keine Hemmungen», und sie legte noch einmal dem Gast eine Schnitte Brot auf den Teller. Auch vom Wein wurde nachgefüllt, «es kommt doch auf ein Gläschen Wein nicht an».

Sie bot an, was sie anzubieten hatte, und wollte sich nicht lumpen lassen. Später wurde mir klar, daß das Essen, das sie dem Gast aufnötigte, als Ersatz für den Mangel an Kommunikation stand, den sie unbewußt verspürte und als Makel empfand. Es war gut gemeint, sicher spürte das auch der andere, wenngleich als unangenehme Pflicht, der er nachzukommen hatte, um ihr beizustehen und ihre Unterlegenheitsgefühle zu beschwichtigen. Hätte er das Essen zurückgewiesen, wäre es eine Zurückweisung ihrer Person gewesen und sie hätte es so verstanden, als sei sie ihm nicht gut genug.

So und ähnlich habe ich es auch bei anderen gesehen in solchen Situationen.

Viel später ist es mir selber passiert, daß mir hinterher schlecht wurde vom vielen Essen, das mir angeboten wurde und das ich nicht zurückwies, weil ich den andern nicht leiden lassen und selbst nicht als eingebildet dastehen wollte. Doch darüber kann man miteinander nicht sprechen.

Ich wollte an einer subventionierten Berlin-Reise teilnehmen, Geld dazu hatte ich selber, denn den Verdienst aus der Ferienarbeit hatte ich mir überlegt eingeteilt. Aber ich brauchte das Einverständnis meiner Eltern. Es fand eine lange Diskussion statt.

Meine Mutter sah nicht ein, daß die heutige Generation solche Ansprüche stellte, wo sei man denn früher hingekommen, und man sei ja auch mal jung gewesen. Heut wär's dies und morgen das, und man müßte schon in jungen Jahren lernen, Verzicht zu

leisten, sonst würde man's nie mehr lernen. Und die, die nicht auch mal auf was verzichten könnten, würden die unglücklichsten Menschen werden ihr Leben lang.
Mein Vater gab ihr im Grunde recht, meinte aber, daß die Zeiten sich geändert hätten, und man dürfe nicht immer mit dem vergleichen, was früher war, da war halt alles anders, und man hätt ja auch gern mal was unternommen damals, wenn man die Möglichkeit gehabt hätte, und ich hätte mir doch das Geld in den Ferien selber verdient und ginge so sparsam damit um. «Warum sollten wir ihr's nicht vergönnen?»
Ich war zehn Tage in Berlin und schrieb viele Ansichtskarten nach Hause, daß ich glücklich sei und daß es mir gut gefalle und daß Berlin so groß sei, das könnten sie sich gar nicht vorstellen. Ich fühlte mich sehr frei.
Zurückgekehrt war ich in den ersten Tagen wie vor den Kopf gestoßen. Mir war, als käme ich aus einer weiten Landschaft und sei unvermittelt in ein enges Tal geraten. Ich fand die Straßen jetzt noch toter, die Tage noch ereignisloser und die Leute noch öder.
Ich dachte viel an Berlin, und über meinem Bett hängte ich den Stadtplan auf; die Plätze und Straßen, an die ich mich erinnerte, markierte ich mit Bleistift, und rundherum heftete ich mit Reißnägeln Ansichtskarten an. Ich brauchte lange, bis ich aus meiner Verdrossenheit herausfand.
Meine Eltern waren enttäuscht von mir, sie sagten, jetzt hätte ich so schöne Tage verlebt, von denen sie, an meiner Stelle, lange zehren würden, und ich, kaum zurückgekehrt, würde schon wieder an allem herummeckern, ob das der Dank sei. Ich sollte doch nicht ständig auf die gucken, die mehr hätten, ich sollte doch auf die gucken, die weniger hätten, dann sei man zufrieden.
Ich verstand sie. Mir war klargeworden, was ihnen ihr Leben lang vorenthalten worden war. Gerade deswegen konnte ich ihnen nicht erklären, daß ich mich mit dem zähen Nacheinander der Tage, in denen man zufrieden war, weil man gesund blieb und zu essen hatte und ein Dach über dem Kopf und schaffen konnte, nicht abfinden wollte. Sie waren zufrieden oder nicht einmal das, sie hatten sich zufriedengegeben, aber ich wollte glücklich sein.
Sie hätten es nicht verstanden. Solche Reden hätten in ihrer Verwegenheit in ihren Ohren nach Gotteslästerung und Herabsetzung ihres Lebens geklungen. Sie hätten gröbsten Undank bedeutet, denn sie waren es, die mir die Möglichkeit verschafft

hatten, daß ich's ‹später mal besser haben sollte›. Auf sie würde ich nun mit Verachtung herabblicken, und so sagten sie es auch, wenn ich manchmal meinen Unmut leise formulierte.
Ich hatte lange Zeit fest vor, nach Berlin oder in eine andere große Stadt zu ziehen, aber am liebsten nach Berlin.

Manche gingen in die Fremde. Eine Familie wanderte nach Kanada aus, und vor ihrer Abreise spielte der Musikverein auf der Straße zum Abschied ein Ständchen. Man hörte nur, daß es ihnen gut ginge, aber sie kamen nicht zu Besuch.
Man sprach auch gern von denen, «die's zu was gebracht hatten» und jetzt in Berlin oder Freiburg waren und nur noch selten ins Dorf kamen, weil sie so wenig Zeit hatten.
Reisten sie nach einem kurzen Besuch bei ihren Angehörigen wieder ab, hatte der Mythos, der sie umgab, neue Lebendigkeit erfahren.
Eine Mutter erzählte, daß ihr Sohn Assistent sei bei einem Professor an der Universität, und daß der Professor selber gesagt habe, so einen gescheiten, hellen Kopf hätte er noch nie gehabt, und das wolle doch was heißen, wenn es der Professor selber gesagt habe. Dann erinnerte man sich, daß er ja früher in der Schule schon einer der gescheitesten war. «Des isch en heller Kopf, da gibt's gar nichts, und da g'hört allerhand dazu, da muß man seinen Kopf anstrengen, um so weit zu kommen, der hat was g'leistet, da kommt unsereins gar net mit», sagte man. Sie feierten sich selbst ein bißchen in der uneingeschränkten Bewunderung für diesen hellen Kopf, der aus dem Dorf stammte, und durch die Beziehung, die einige zu ihm hatten, bekamen sie ein wenig von seinem Glanz ab. Indem sie eine stattliche Reihe von Namen durchgingen und die jeweiligen Verschwägerungen erläuterten, zeigten sie den andern, daß sie sogar noch ein bißchen mit ihm verwandt seien, allerdings weitläufig, doch immerhin. Auf verschlungenen Wegen stellte sich eine Verbindung heraus.
Ich war verärgert, daß sich die Leute selbst verrieten und sich kleiner machten, indem sie den hellen Kopf aufs hohe, ihnen unerreichbar scheinende Podest hoben. Ihre Kläglichkeit erschien mir noch kläglicher, und ich sagte, sie könnten sicher sein, daß es in Berlin und anderswo noch mehr gescheite Leute gebe, ein heller

Kopf würde da gar nicht auffallen. Sie reagierten mit Betroffenheit und dachten, ich sei neidisch.

Als Jahr um Jahr verging und es so aussah, als würde ich das Abitur machen, meinten meine Eltern: «Dann haben wir's geschafft, dann wird es mehr Luft geben.» Sie meinten in finanzieller Hinsicht. Ich interessierte mich für Psychologie und wollte studieren, aber das sollte ich mir aus dem Kopf schlagen. Jetzt hätte ich so viel Geld gekostet und das dauere dann wieder so lange, sie wollten endlich auch mal was von ihren Kindern haben. Und es wäre schließlich noch ein Kind unten dran, man könne nicht alles an mich hängen. Mal müßte Schluß sein, und ich solle froh sein, daß ich so weit gekommen sei, andere in meinem Alter würden schon längst verdienen. Mein Vater meinte, ich solle mir eine schöne Stelle im Büro suchen, da wär ich fein raus, da bräucht man sich keine dreckigen Hände zu machen. Und ich solle doch auch dran denken, was er sein Leben lang gemacht hätte, bei Wind und Regen, im Sommer und im Winter draußen auf der Streck, nicht mal ein Dach überm Kopf. «Und die Mutter in ihrem Alter schafft noch in der Fabrik, damit wir von den Schulden runterkommen, und schließlich ist das alles ja für euch gewesen, und jetzt will ich auch mal was von dir sehen.»
Ich verstand sie sehr gut, aber ich wollte Psychologie studieren. Ich erklärte ihnen, was das sei, da könne man mit Menschen umgehn und das wollte ich. Sie sagten, im Büro hätte ich doch auch mit Menschen zu tun, da käm mal dieser und wolle das und da käme mal jener und wolle jenes, da gäb's schon Abwechslung.
Ich suchte nach einem Mittelweg. Ich wußte, daß das Lehrerstudium kürzer war, damals nur vier Semester. Außerdem wußte ich, daß es meinen Eltern sehr imponieren würde, wenn ihre Tochter Lehrerin wäre, denn sie hatten Hochachtung vor den Lehrern im Dorf. Insgeheim dachte ich noch an meinen Plan und wollte ihn später verwirklichen.
Nach vielen Abenden hatte ich erreicht, daß ich nach dem Abitur nicht unbedingt ins Büro gehen sollte, sondern vielleicht Lehrerin werden könnte. «Wenn's absolut dein Herzenswunsch ist», meinte mein Vater, «das packen wir auch noch, und dann bist du auch jemand. Hoffentlich darf ich's noch erleben.» Und seine Augen

leuchteten, als ginge ich mit meiner Mappe nicht mehr als Schülerin, sondern bereits als Fräulein Lehrerin zur Schule.
«Das hätte man nie geglaubt, daß man mal zu den Kreisen gehören tät, hoffentlich erleb ich's noch, hoffentlich ist mir das noch vergönnt.»

Loyalitätskonflikte quälten mich stark. Einerseits bedrückten mich die Enge und Beschränktheit unseres Lebens, dem auch die Haltung meiner Eltern entsprach. Ich wollte raus. Andererseits waren sie es, die mir eine lange Ausbildung ermöglichten und mehr Geduld aufbrachten als sehr viele Eltern und sich selbst stark einschränkten. Dafür war ich ihnen dankbar. Ich wollte sie nicht kränken, aber ich konnte ihnen nicht vermitteln, daß ich bereits auf einem Weg war, auf dem sie mir nicht mehr folgen konnten.

Ich schaute immer genauer hin, um zu verstehen, woher die Konflikte mit meinen Eltern rührten. Ich fragte nach dem Grund, um eine Lösung zu finden. Indem ich sie zu beobachten begann, lebte ich nicht mehr in fragloser Selbstverständlichkeit, sondern gewann Distanz. Ich lernte sie verstehen auf einem langen Weg der Erfahrung und des Nachdenkens. Aber dieser Weg führte mich nicht zu ihnen hin, sondern immer weiter weg, so daß die Entfernung schließlich nicht aufgehoben, sondern unüberbrückbar geworden war.

Sie hatten, schuldlos, nicht das erreicht, was sie sich gewünscht hatten. Sie hatten glücklich werden wollen. Da sie es nicht werden konnten, wurden sie schließlich zufrieden mit dem, was sie hatten. Sie gaben sich zufrieden, und darin lag ein tiefer Zug von Resignation und Ergebenheit. Die Empörung aber und die Bitterkeit blieben untergründig und tobten sich zuweilen in den strengen Erziehungsmaßnahmen aus. Ich hätte ihnen schließlich ihr Leben erklären können, aber es wäre für sie eine arrogante, demütigende Herabsetzung gewesen, daher unterließ ich es.
Daß sie das Beste für mich wollten, machte mich wehrlos. Sie lebten schlechter, als sie es nötig gehabt hätten, damit ich es einmal besser haben sollte. Dafür verlangten sie die fraglose Anerkennung ihrer Normen.

Wenn ich die Regeln und Normen, nach denen sie lebten, in Frage stellte, rüttelte ich an dem Gerüst ihres Lebens. Das stürzte sie in Unsicherheit und Angst, gegen die sie sich wehrten, indem sie noch starrer wurden.
Ich war sprachlos in dem Konflikt, in dem so vieles hätte mitgeteilt werden müssen, doch nichts zu vermitteln war. Ich wollte nichts Besseres werden, ich wollte richtiger leben. Ein Weg zurück wäre nie mehr möglich gewesen, es gab nur den Weg voran, weg von dem, was war, aber ich sah nicht das Ziel, wohin er führen sollte, und es gab auch niemanden, der es mir hätte sagen können. Alle anderen waren schon auf einem Platz, an den sie ein gradliniger Weg geführt zu haben schien.
Ich lebte mit meinen Eltern und gehörte nicht mehr ganz dazu. Das ängstigte mich, denn ich wußte nicht, wohin ich gehörte oder wohin ich hätte gehören sollen. Ich war ihnen enteilt und blieb doch von ihnen abhängig. Und schließlich hing ich an ihnen, denn es waren meine Eltern. Sie taten mir leid, ich fühlte mich ihnen verbunden und ich litt.
Auch meine Eltern spürten, daß ich ihnen fremd wurde, und manchmal deuteten sie es als Hochmut, den sie nicht richtig fanden. Einmal drückte es meine Mutter aber auch anders aus. «Kind», sagte sie, «du bist so schrecklich schnell groß geworden.»

Ich saß vor einem Bücherberg in der Küche, die Tür zum Hof stand offen. Es war einer jener späten Herbsttage, an denen eine starke Sonne vom tiefblauen Himmel scheint, aber die Luft bereits schwer ist. Im Dezember sollte das Abitur beginnen.
Mein Vater kam herein und sagte: «Leg doch die Bücher weg, auf den einen Tag wird's auch nicht ankommen, ich hab die Räder aufgepumpt, wir könnten doch 'ne Radtour machen. Wer weiß, ob noch mal so ein Tag ist.» Ich zögerte zuerst, doch dann stand ich auf, denn ich freute mich, daß er mit mir etwas unternehmen wollte. Er klemmte sich rechts und links eine metallene Klammer an die Hosenbeine und schwang das rechte Bein über den Sattel, er war noch rüstig mit seinen 72 Jahren.
Er fuhr vor mir her. Wir fuhren über die Rheinbrücke, und er erzählte mir, daß er dabeigewesen sei, als hier früher die Schienen verlegt wurden, aber das wußte ich schon, dann fuhren wir ein

Stück ins Elsaß hinein. Wir rasteten in einem Restaurant, ich trank Coca Cola, und er bestellte sich ein Bier. «Einmal kann man das schon machen, wir geben ja das ganze Jahr kein unnötiges Geld aus», sagte er. Er fragte mich auch, ob ich ein Stück Kuchen haben wolle. Er frozzelte mit dem Gastwirt, einem älteren Mann, und erinnerte sich an ein paar französische Wörter, die er in der Gefangenschaft aufgeschnappt hatte wie: oui monsieur, merci, bonjour. Auch das Wort «fromage» kannte er noch. Man lachte, sprach aber dann deutsch wie alle älteren Leute im Elsaß.

Eines Nachts, spät, als schon längst die tiefe Stille eingetreten war, hörte ich, wie unten im Wohnzimmer der Lichtschalter knackste. Es war noch einer jener runden, braunen Schalter, die man umdrehte und die plump auf der Wand aufsaßen. Auch die elektrischen Leitungsrohre lagen noch nicht unter Putz.
Meine Mutter war aufgestanden und rief unten an der Treppe nach mir.
In diesem Augenblick wußte ich, daß es sich um meinen Vater handelte. In der letzten Zeit war alles so gewesen wie immer, aber ich hatte mich in einer eigentümlichen Unruhe und Spannung befunden. Ich hatte Befürchtungen um ihn, die ich nicht begründen konnte. Ich hatte keinen Anlaß gesehen, darüber zu sprechen, und wollte meine Eltern nicht beunruhigen, aber ich notierte es in meinem Tagebuch. Und jetzt, als sie nach mir rief, wußte ich genau, daß es so kommen mußte.
Ich tastete mich in der Dunkelheit die Treppe hinunter. Abends hatten wir einen Kurzschluß in der elektrischen Leitung gehabt, meine Mutter schien nicht mehr daran gedacht zu haben, als sie im Wohnzimmer das Licht andrehen wollte. Als ich ins Schlafzimmer kam, brannten schon die Kerzen, die sie auf dem Nachttisch neben dem Bett meines Vaters aufgestellt hatte.
Überall roch man den süßen Duft der Weihnachtsplätzchen, die sie am frühen Abend gebacken hatte, sie sagte, sie sei dieses Jahr damit später dran als früher, als sie noch nicht in der Fabrik arbeitete.
Mein Vater ächzte, er krampfte die Hand über der Brust zusammen und schaute mich erschrocken an, als ich an sein Bett trat. Ich war sicher, er hatte einen zweiten Herzinfarkt. Vor ein paar Jahren

hatte er nach dem ersten lange gelegen, und ich wußte, er würde sterben, ich hatte es gespürt, und jetzt war es soweit.
Er sollte nichts davon merken, ich wollte mich zusammennehmen, auch wegen meiner Mutter. Ich sagte, ich würde den Arzt holen, aber er wollte es nicht. Er hatte sein Leben lang nichts von Ärzten wissen wollen, und wenn ihm einmal etwas fehlte, bagatellisierte er es. «Es wird schon wieder vorbeigehen», sagte er, «vielleicht hab ich mich ein bißchen übernommen beim Schaffen, man überschätzt manchmal vielleicht doch seine Kräfte.» Er sagte es sehr schleppend, abgehackt und unter großen Anstrengungen, um seine Schmerzen vor uns zu verbergen. Ich setzte mich ans Kopfende und legte meinen linken Arm unter seinen Kopf. Mit der anderen Hand strich ich ihm über die Stirn und wischte ihm den Schweiß weg, er war ganz naß geschwitzt. Ich sagte, ich würde doch den Arzt holen, es wäre besser so, er könne ihm bestimmt eine Spritze geben, das würde ihm Erleichterung verschaffen. Er sagte, ich solle doch den Mann nicht unnötig aus dem Bett reißen, es würde schon besser werden, aber ich bestand darauf, dafür sei der Arzt doch schließlich da, und er wisse doch, daß er ihn noch nie unnötig belästigt habe, er solle sich doch keine Gedanken machen. «Wenn du halt meinst», sagte er schließlich, aber es klang wie ein Einverständnis. Meine Mutter war wie erstarrt und völlig handlungsunfähig.
Ich klingelte am Arzthaus und rief hinauf, mein Vater habe einen Herzinfarkt. Der Arzt kam schnell. Mein Vater bekam Spritzen und sollte runde Kügelchen einnehmen, sie waren rot und durchsichtig, aber er konnte sie kaum schlucken. Ich saß wieder am Kopfende, strich ihm über den Kopf und sagte ihm, es würde bald besser werden, ich wiederholte mich und sprach die Sätze wie eine Beschwörungsformel. Meine Mutter kniete vor seinem Bett und vergrub ihren Kopf im Plumeau, damit er nicht sah, daß sie weinte. Mit der einen Hand umspannte sie seinen Arm, er legte seine Hand auf ihre Schulter. Der Arzt blieb lange. Er ging vom Schlafzimmer ins Wohnzimmer und setzte sich in den Sessel, der an der Wand stand. Im Sessel lag das Kissen, das meine Mutter bestickt hatte: «Ohne Fleiß kein Preis». Über seinem Kopf hing eine Zeichnung, die ich nach einer Vorlage von A. Rethel gezeichnet hatte: «Der Tod als Freund». Neben dem Bett standen die weißen Stearinkerzen wie an einem Totenbett.
Wir harrten alle, es wurde nicht besser, mein Vater konnte kaum

noch sprechen, es kostete ihn immer mehr Kraft, die er nicht mehr hatte. Der Arzt sagte, er wolle nur schnell nach Hause gehen und nach einem Kollegen aus dem Krankenhaus telefonieren, wir hatten kein Telefon. Ich stand auf der Straße und wartete auf das Auto, damit er auch unser Haus fand.
Mein Vater bekam wieder Spritzen, der andere Arzt blieb noch eine Weile da, schließlich ging er und sagte, spätestens gegen Morgen würde eine Beruhigung eintreten.
Mein Vater sagte: «Ist es denn möglich, ist's denn wirklich möglich?» Er sagte es ein paarmal unter größter Mühe. Dann schaute er mich noch einmal an und sagte: «Sei gut zu der Mutti, wenn ich nicht mehr da bin, und helf ihr.» Ich versprach es, das letzte, was er mir noch sagte, war: «Und bleib so, wie du bist, mach der Mutti keine Sorgen.» Als er starb, rasselte der Wecker. Meine Mutter hatte ihn abends so wie immer auf die Zeit gestellt, zu der sie morgens aufstehen mußte, wenn sie zur Arbeit ging. Während der Nacht hatte er noch zu ihr gesagt: «Gell, morgen gehst nicht ins Schaffen.» Der Arzt war noch da, er sagte: «Exitus», dann gab er uns die Hand und ging heim.

Ich ging zum Bahnhof. Ich wollte in der Schule Bescheid geben, warum ich nicht käme, es war der letzte reguläre Unterricht vor dem Abitur. Auf dem Bahnsteig sah ich, wie der Zug sich in der Dunkelheit näherte. Die Lichter der Lokomotive bildeten ein Dreieck, das von weitem aussah wie ein Christbaum, der heranrückte. Ich dachte einen Moment daran, mich vor den Zug zu legen.
Auf der Straße traf ich meinen Mathematiklehrer, die Ampel stand auf Rot. Ich ging zum Auto und machte die Tür auf. Er gab mir die Hand und sagte: «Wir müssen alle mal sterben.» Ob er sonst noch etwas sagte, weiß ich nicht mehr.

Nach dem Tod meines Vaters brach meine Mutter zusammen. Sie versank in Schmerz und Verzweiflung. Ich ängstigte mich, wie es mit uns weitergehen sollte. Sie verbreitete eine unermeßliche Melancholie, und nur, wenn auch ich mich ihr ergab, hatte sie noch das Gefühl, daß jemand um sie sei. Ich fürchtete mich vor diesem Zustand, dem auch ich meine letzte Vitalität zu opfern hätte, wodurch ich aber nichts retten würde, vielmehr mitver-

schwände in einem kreisenden Sog unendlicher Wehmut und Klage über den Verlust.
Sie glich einer Ertrinkenden, die nach Hilfe schreit und den Helfer, der ihr die Hand reicht, unweigerlich mit sich ziehen würde. Da er ihr ein und alles gewesen war, besaß sie nun nichts mehr. Ich glaube tatsächlich, daß sie sich darauf vorbereitete, ihm nachzusterben, und daß ich mich dagegen wehrte, erschien ihr unbegreiflich und wie Verrat.
Ihr zweiter Satz war nun: «Wenn Vater das noch gesehen hätte», «Wenn ihm doch nur noch ein paar Jährchen vergönnt gewesen wären», oder auch: «Gut, daß Vater das nicht mehr zu sehen braucht.»
Sie ließ alles unverändert, die Kleider blieben im Schrank hängen, Rasierpinsel und Rasierapparat blieben auf der Ablage stehen wie Reliquien und so, als könnte er jeden Augenblick die Straße entlang und zur Tür hereinkommen und alles würde weitergehen wie früher.
Auch die Verwandten bemühten sich um Zuspruch. Sie sagten zu meiner Mutter, sie solle sich doch ein Beispiel nehmen an Jackie Kennedey, die doch auch vor kurzem ihren Mann verloren habe, und ihre Kinder seien doch noch kleiner, und sie stünde ja jetzt auch ganz allein auf der Welt, und sie sei doch so tapfer.
Ich war traurig, wütend, empört und gequält von bösen Ängsten vor dem Kommenden und schrie sie an, sie sollten ihre dummen Sprüche für sich behalten. Damit verletzte ich sie, aber ich ertrug es nicht, und dann schrie ich noch, wenn wir wenigstens der ihr Geld hätten, vielleicht, aber nur vielleicht wär's dann nicht so schlimm.
Sie wandten sich entsetzt von mir ab, wie ich jetzt nur von Geld reden könnte, wo mein Vater grad frisch unter der Erde läge, und empfanden Abscheu vor meiner Pietätlosigkeit.
Meine Mutter sagte: «Wie kannst du jetzt nur so böse sein.»

Er war im Dezember gestorben. Am selben Tag hatte es zum erstenmal geschneit in diesem Winter. Dann gab es viel Frost und noch mehr Schnee. Der Winter dauerte lange und war bitter kalt. Wenige Tage nach der Beerdigung schrieb ich den Abituraufsatz. Meiner Mutter ging es sehr schlecht, sie verharrte in besinnungslosem Schmerz und war zu nichts mehr fähig. Ein guter Nachbar war mir bei der Erledigung der Formalitäten, die ein Todesfall mit sich bringt, behilflich. Ich mußte ständig um meine Mutter sein, und es fiel mir schwer, sie zu verlassen, wenn ich in die Schule ging.

Morgens stand ich jetzt vor ihr auf und heizte den Herd an, damit sie es warm hatte, wenn sie in die Küche kam. Dann brachte ich ihr Frühstück. Oft stand es noch mittags auf dem Nachttisch.

An Weihnachten bekam ich nichts geschenkt, sie hatte vergessen, etwas zu besorgen, einen Christbaum wollte sie in diesem Jahr nicht haben. Früher hatte ihn mein Vater geschmückt. Aber ich stellte ein paar Tannenzweige mit Strohsternen in eine Vase für meine kleine Schwester.

Das Haus war kalt und leer, kälter als in anderen Jahren und beängstigend.

Ich saß bei meiner Mutter in der Küche. Wir hatten stark eingeheizt. «Wenn wir auch noch frieren sollen, dann haben wir ja gar nichts mehr», sagte sie. Trotzdem sagte sie häufig: «Ich weiß gar nicht, was das ist, mir wird's gar nicht richtig warm, ich frier so von innen raus.»

Über dem Herd hatte sie auf dem sternförmigen Trockner kleine Wäsche, die wir bald wieder brauchten, aufgehängt, auf dem Schopf dauerte es zu lange. Wir saßen am Küchenfenster, sie auf einem Stuhl und stopfte, ich ihr gegenüber am Fußende des Sofas mit einem Buch. Ich wollte lernen. Ab und zu nahmen wir uns ein Stück Würfelzucker aus der Schachtel, die wir auf den Tisch neben uns hingestellt hatten. Wir hatten beide plötzlich Lust bekommen auf etwas Süßes, aber es war nichts im Haus. Wir sprachen wenig miteinander, sie wollte mich auch nicht stören. Nur manchmal schaute ich hoch und blickte durchs Fenster. Die Straße war menschenleer, noch ausgestorbener als sonst, es war Sonntag.

Auf dem Trottoir, vom Bahnhof her, kam eine Schulfreundin. Ich sagte zu meiner Mutter: «Wenn's jetzt klingelt, darfst nicht aufmachen, meine Freundin kommt.» «Warum», sagte sie, «du hockst doch sonst immer mit ihr zusammen, ihr könnt doch ein Täßchen Kaffee trinken, ich misch mich auch nicht ein, wenn ihr euch unterhalten wollt, oder ist was vorgefallen zwischen euch?»

Es war nichts vorgefallen. Ich ertrug es nicht, daß sie mich so

antraf. Sie hatte zu Hause eine schöne Wohnung, in der alle Zimmer warm waren, hier gab es kein anderes Plätzchen, wo wir uns hätten aufhalten können als an diesem Küchenherd, über dem die Wäsche trocknete und wo meine Mutter saß, die stopfte.
Es hätte meiner Mutter weh getan, wenn sie gewußt hätte, daß ich mich schämte. Deshalb sagte ich ihr, daß ich viel in Geschichte aufzuarbeiten hätte und sonst nicht fertig werden würde. Wir machten nicht auf, als es klingelte.

Ging das Feuer morgens schwer an und wollte es tagsüber nicht richtig warm werden, so viel man auch auflegte, war das Ofenrohr zu. Dann stand ich noch vor sechs Uhr auf und entrußte Herd und Rohr. Ich nahm zuerst die Ofenringe ab und die Backröhre heraus. Dahinter und darunter hatte sich dicker Ruß und alte Asche angesetzt, die ich mit einem Kratzer im Innern des Herds herunterschabte und mit der Schaufel vom Boden herausnahm. Das lange Ofenrohr zerlegte ich am Knie in zwei Teile und brachte sie hinaus hinters Haus in den Garten. Ich fuhr mit dem langen Drahtstiel einer Bürste, von dem die dichten Borsten rundherum abstanden, durch die Rohre. Zwischendurch stellte ich sie aufrecht hin und stieß sie fest gegen den Boden, damit der Rest des gelösten Rußes herausfiel.
Es war schwierig, das Rohr wieder einzusetzen. Zuerst steckte ich den unteren Teil in die Öffnung am Ofen, dann mußte das lange andere Stück mit dem Knie so aufgesetzt werden, daß es genau in die Kaminöffnung in der Wand paßte. Es kam vor, daß ein Rohrteil wieder herausfiel. Die Fliesen vor dem Herd waren schmutzig geworden, und ich scheuerte sie, nachdem ich das Feuer angemacht und Wasser aufgesetzt hatte. Ich war selber voll Ruß, auf den Armen haftete er fest wie Schmiere, und ich mußte einige Stellen mit Scheuersand reiben, weil er in die Hautporen eingedrungen war.
In diesem langen Winter genügte es nicht, den Herd einmal zu entrußen. In der Schule beneidete ich die anderen Schüler und die Lehrer. Sie sahen ausgeschlafen und sauber aus und schienen aus Wohnungen zu kommen, in denen es Zentralheizung gab. Aber vielleicht war das auch nicht bei allen so.
Von meiner morgendlichen Arbeit erzählte ich nichts, jetzt war

ich ja sauber, und niemand sah sie mir an. Es wäre mir peinlich gewesen, ich nahm an, daß sie es kurios gefunden hätten.

Es war fast gewiß, daß wir alle durchs Abitur kommen würden. Wer bis in die Oberprima gelangt war, fiel kaum mehr durch. Dennoch warteten wir an jenem Spätnachmittag mit Spannung auf die Ergebnisse, die letzten und wichtigsten nach neun Jahren. Abends wollten wir feiern. In unserer Klasse hatte es nur einer nicht geschafft.

Ich traf meinen Freund auf dem Flur und fiel ihm um den Hals. Die Biologielehrerin kam dazu, sie schaute weg, noch war ich im Schulhaus und die offizielle Abschlußfeier hatte noch nicht stattgefunden.

Vom Postamt aus rief ich bei unseren Nachbarn an und ließ meine Mutter an den Apparat holen. Ich wollte es ihr selber sagen. Sie sagte: «'s isch recht.» Ein wenig war ich doch enttäuscht, obwohl ich gewußt hatte, daß sie sich kaum würde freuen können. Es klang so, als habe sie mir auf die Frage, ob ich vom Einkauf noch ein paar Eier mitbringen solle, da es gerade besonders frische gebe, geantwortet.

Am nächsten Tag fragte ich sie: «Mutti, kannst du dich denn gar kein bißchen freuen?» Sie sagte: «'s ist alles noch so frisch, wenn's der Papa noch hätte erleben dürfen, wär ja alles ganz anders. Aber ich freu mich, und innerlich bin ich stolz auf dich, daß all die Jahre nicht umsonst waren, wenn man mir's auch nicht anmerkt.»

Eine Arbeitskollegin von ihr kam, brachte mir einen Blumenstrauß und gratulierte. Da leuchteten ihre Augen ein bißchen. Es schien sich herumgesprochen zu haben, daß ihre Tochter das Abitur gemacht hatte, sie selber hatte nicht damit angegeben.

Meine Mutter wollte nicht zur Abiturs- und Entlaßfeier gehen. Es würde ihr da noch schwerer zumut, wenn sie die anderen Mütter mit ihren Männern sehe.

Ich bat sie sehr darum mitzukommen, ich wäre sonst die einzige gewesen ohne Angehörige. Auch fand in der Schule eine Ausstellung statt, die die Zeichenlehrer organisiert hatten. Von mir waren viele Bilder aufgehängt, und ich wollte nicht allein davorstehen.

Die Mutter eines Klassenkameraden, deren Mann auch noch nicht lange verstorben war, wollte auch kommen. Das erzählte ich ihr, und schließlich willigte sie ein, um mir eine Freude zu machen. Die beiden Frauen wußten nicht, daß wir näher befreundet waren.

Die Mutter meines Freundes kam mit dem Zug angereist. Bis zur Feier war noch Zeit, die sie bei uns verbringen wollte. Ich hatte meine Mutter darauf vorbereitet und mußte tags zuvor noch einen Kuchen backen, «damit wir der Frau wenigstens etwas anzubieten haben».

Sie saßen sich zuerst steif gegenüber. Meine Mutter saß ganz aufrecht auf dem Stuhl weit vorne auf der Kante, wie sie es immer tat, wenn sie mit jemandem sprach, der ihr fremd war. Aber an diesem Tag fiel es mir noch mehr auf. Diese Haltung nahm sie auch ein, wenn sie mit mir redete und wir verschiedener Auffassung waren und sie unter keinen Umständen gewillt war, auch nur eine Spur von ihrer Meinung abzurücken. Wenn sie so saß, wußte ich, daß wir am Ende unseres Gesprächs da anlangen würden, wo wir am Anfang begonnen hatten, egal, wie stark auch immer meine Argumente sein mochten.

Die beiden Frauen sprachen über den Verlust, den sie durch den Tod ihrer Männer erlitten hatten. Sie sprachen nicht miteinander über ihr gemeinsames Leid, sondern jede sprach von ihrem Leid, so als könne der tiefe Schmerz der anderen ihren eigenen nie übertreffen.

«Was ich verloren hab», sagte meine Mutter, «kann niemand verstehen, die Lücke wird sich nie mehr schließen.» «Ich hab aber auch einen guten Mann gehabt», sagte die Frau, «jetzt muß man halt ganz für die Kinder da sein, und der Pfarrer hat sogar mal gesagt, da sei man ein richtiger Held, wenn man so viel durchzumachen hätt.»

Sie schaute auf den kleinen weißen Blusenkragen, den sie über das Revers ihrer schwarzen Kostümjacke geschlagen hatte. Meine Mutter war tiefschwarz gekleidet. Da sagte die Frau fast entschuldigend, weil etwas weniger an Schwarz vielleicht etwas weniger an Trauer bekunden könnte: «Ich hab's jetzt auch zum erstenmal gemacht, aber wenn jetzt so 'ne Feier ist, da kann man das vielleicht schon mal machen.» «Das bring ich nicht übers Herz», sagte meine Mutter.

Mein Freund bekam einen Einstellungsbefehl von der Bundeswehr. Sein Befreiungsgesuch war abgelehnt worden. Ich wartete auf ihn vor dem Kreiswehrersatzamt.
Seine Begründung, daß er seiner Mutter in der Landwirtschaft unentbehrlich sei, da der Vater vor kurzem gestorben war, und daß ein älterer, chronisch kranker Bruder erwerbsunfähig ständig in einer Klinik untergebracht sein mußte und daß noch ein sehr viel jüngerer Bruder und die alte Großmutter zu Hause waren und daß die ganze Familie sich allein vom Erwirtschafteten der kleinen Landwirtschaft zu ernähren hatte, die die Mutter, die ohne Beruf war, nun allein betrieb, war nicht hinreichend gewesen.
Ich war empört und war, nicht bloß wegen meiner pazifistischen Einstellung, dagegen, daß er Soldat werden sollte. Ich sah nicht ein, daß er mit dem Gewehr ein Vaterland verteidigen sollte, in dem seine Familie in Not war, weil sie keinen Vater hatte. Aber er meinte, jetzt ginge er halt, da könne man nichts machen.
Ich wollte noch immer nach Berlin, wenngleich ich meine Mutter nicht so weit zurücklassen wollte, aber mit ihm zusammen glaubte ich, einen zureichenden Grund zu haben, zumal dann die Bundeswehr einen Soldaten weniger gehabt hätte.
Er machte nicht mit, und ich brachte ihn noch an den Zug. Dann schrieb er mir viele Briefe, sie waren lieb und manchmal auch wehleidig, wenn er durch den Schlamm gekrochen war oder wunde Füße hatte von einem langen Marsch. Ich antwortete immer unregelmäßiger. Obwohl ich ihm die Bundeswehr nicht verziehen hatte, tat er mir leid, weil ich ihn noch gern mochte, aber ich wollte keinen Soldaten als Freund.

Viele fuhren nach dem Abitur in die Ferien, einige in die Schweiz zum Schilaufen. Unsere Nachbarin kam und schenkte mir eine Topfpflanze, die Frau unseres Hausarztes brachte einen Kerzenständer, da könne ich mir ein Licht anzünden, wenn es mal um mich dunkel wäre.
Meine Mutter sagte immer wieder: «Wenn es nur noch der Papa hätte erleben dürfen, wenigstens das noch, wenn ihm doch bloß noch das vergönnt gewesen wäre, daß er sieht, daß es seine Kinder auch zu was bringen.» Das sagte sie zu jedem, aber vor allem zu sich selbst und zu mir.

Sie aß immer weniger und wollte auch nicht mehr kochen; in ihren schwarzen Kleidern sah sie jetzt noch schmächtiger aus. «Ich muß mich grad zwingen zum Essen, mir ist's grad, als hätt er meine ganze Kraft mit fortgenommen», sagte sie.
Sie ging jeden Tag auf den Friedhof, häufig schon am Vormittag, manchmal brach sie am Mittag abermals auf oder machte noch einmal den langen Weg zum Dorf hinaus, wenn es schon dunkel war.
Meine Schwester hing auf der einen Seite an ihrem Arm, ich hakte sie auf der anderen Seite unter. Sie stand lange vor seinem Grab und weinte viel. Sie zupfte an dem Zweig einer Pflanze oder strich mit inniger Sorgfalt die Schleife eines Gebindes glatt, so als streichle sie ihm über den Kopf. Sie holte die Sprudelflasche aus ihrer Einkaufstasche und besprengte mit den Fingern das Grab. Es war Weihwasser darin, und ich mußte oft in die Kirche fahren, um die Flasche am Weihwasserbehälter wieder aufzufüllen. Sie reichte die Flasche an meine Schwester und mich weiter.
Auf der Ablage des Küchenschranks stand ein Foto meines Vaters. Sie stellte frische Blumen daneben und setzte sich so an den Tisch, daß sie das Foto sehen konnte. Außer auf den Friedhof und sonntags in die Kirche ging sie nirgendwo mehr hin.
Manche Leute sprachen über sie: «Jesses Gott, was die Frau aber auch spielt, bei Wind und Wetter, bald liegt sie auch noch da draußen.» Andere meinten: «Die hen au en guter Vater g'hat, des will erst verschmerzt sei.»

Meine Mutter meinte, jetzt könne ich doch auch mal ausspannen, grad nach dem Abitur, das hätt ich doch verdient. Aber ich suchte mir wieder Arbeit.
Der Tod meines Vaters schmerzte mich, aber ich wehrte mich dagegen, immer tiefer in die trostlose Trauer meiner Mutter hineingezogen zu werden. Ich sträubte mich, in ihr Ritual integriert zu sein. Sie sprach nur noch von ihm, als wolle sie ihn durch die Beschwörung seines Namens ins Leben zurückholen oder sich anschicken, ihm auf dem Weg in den Tod ein Stück entgegenzugehen. Ich litt, wenn ich sah, wie sie litt.

Ich arbeitete in der Küche einer Fabrik. Ich scheuerte hohe Töpfe, der Arm reichte fast bis zur Achselhöhle hinein. Nach dem Essen wusch ich die Tische in der Kantine ab. Sonst zog man mich zu Handlangerdiensten heran, wo man mich gerade gebrauchen konnte. Es arbeiteten nur Frauen da, außer dem Koch. Die Frühstücks- und Mittagspausen wurden zusammen verbracht, es war genug Essen da.
Sie witzelten und sprachen in einem Code, der sich offenbar in der langen Zeit der Zusammenarbeit ergeben hatte. Ich verstand mit meinen neunzehn Jahren oft nicht, worüber sie sich belustigten. Eine Frau mit kauenden Backen hielt sich eine Hand vor den Mund, mit der anderen winkte sie ab, sie prustete vor Lachen und japste mit vollem Mund: «Aufhören, bei euch wird man noch ganz verdorben.» Die andern lachten noch mehr. Ich wußte nicht, wie ich mich verhalten sollte, und da ich mich nicht blamieren wollte, grinste ich vor mich hin, als würde ich mich auf die stille Art amüsieren.
Der Koch war nett. Er kochte reichlich, das Essen, das übrig blieb, durften wir aufteilen und in Einmachgläsern mit nach Hause nehmen, auch vom Fleisch. Die Frauen waren sehr froh darüber, sie brauchten es abends nur aufzuwärmen, wenn der Mann von der Arbeit heimkam. Auch meine Mutter freute sich, sie stellte die Gläser in den Kühlschrank und machte sich am nächsten Mittag das Essen warm. Der Koch hätte uns nichts mitgeben dürfen, wir mußten ihm versprechen, uns nicht erwischen zu lassen.

Ich machte einen Kurs beim Deutschen Roten Kreuz und ließ mich als Krankenschwesterhelferin ausbilden. Dann fand ich Arbeit in einem großen Krankenhaus.
Ich kam auf eine Frauenstation. Die Frauen hatten Unterleibskrebs. Einige waren zum zweitenmal für viele Wochen in die Klinik gekommen. Sie hatten Metastasen. Auf der Station wußte man, daß ihnen nicht mehr zu helfen war und daß sie bald sterben würden. Es waren auch jüngere Frauen darunter. Am Sonntag kamen die Männer mit Kindern zu Besuch, und die Frauen fragten oft, ob sie bald heimdürften. Manche wurden entlassen.
Jedem auf der Station war eingeschärft worden, daß man sich nichts anmerken lassen dürfe. Bei seinen wöchentlichen Besuchen

versuchte der Pfarrer, die Frauen mit dem Gedanken an das andere Leben vertraut zu machen. Sie wußten nun, daß sie bald sterben mußten. Unter den Schwestern und Ärzten herrschte große Empörung, sie schimpften und meinten, den sollte man nicht mehr hereinlassen.

Der Vater einer Freundin war mit dem Chef der Straßenbahnbetriebe bekannt und hatte gehört, daß sie dort, bis eine neue Kraft käme, für ein paar Wochen jemanden brauchten als Telefonistin und für leichte Bürotätigkeit. Ich suchte Arbeit für die noch verbliebene Zeit bis zum ersten Semester an der Pädagogischen Hochschule und bekam die Stelle.

Die Zentrale war gerade modernisiert worden, und ein Techniker von Siemens erklärte mir, wie man die verschiedenen Verbindungen herstellte. Anfangs kam es vor, daß ich falsche Knöpfe drückte, und einmal fluchte jemand fürchterlich über meine Ungeschicklichkeit. Später passierten keine Fehler mehr, und ein paarmal fragte mich jemand am anderen Ende der Leitung, ob wir uns nicht mal sehen könnten, ich hätte eine so nette Stimme. Ich arbeitete mich gut ein, und mein Chef schlug mir vor, ganz dazubleiben, Buchführung und Steno könne ich mir sicher schnell aneignen. Warum ich denn noch studieren wolle, ich würde doch sicher bald heiraten oder geheiratet werden.

Ein Kollege, ein sehr langer Mensch mit Silberblick, kam oft in mein Zimmer und erzählte mir von seiner Stereo-Anlage für ein paar tausend Mark. Es sei wie im Konzertsaal und der Unterschied zu einem gewöhnlichen Plattenspieler wie Tag und Nacht, ich müsse mir das einmal anhören. Er war unverheiratet, und die Frau, die mit mir im gleichen Raum saß, zog mich auf.

Über die Mittagszeit nahm sie mich mit zu sich nach Hause, und wir kochten schnell etwas gemeinsam. Dabei erzählte sie mir von ihrem Mann, dem sie noch die Koffer gepackt habe, bevor er auszog. Sie nannte ihn nur bei seinem Nachnamen.

Ehe die neue Kraft kam, ließ ich mich abends nach Dienstschluß zur Straßenbahnschaffnerin ausbilden. Bei der Straßenbahn gab es Dienste am frühen Morgen, abends und an Wochenenden, die ich auch während der Vorlesungszeit fahren konnte.

Ich wollte mir ein Zimmer in der Stadt nehmen, aber meine Mutter ließ nicht zu, daß ich wegging, und verweigerte mir die Angaben und ihre Unterschrift für den Antrag auf Studienförderung nach dem Honnefer Modell. Ich brachte es nicht fertig, sie zu verlassen, so nannte sie es, und blieb bei ihr wohnen. Morgens fuhr ich mit dem ersten Zug in die Stadt. Es waren fast nur Männer darin, die zur Frühschicht unterwegs waren. In der großen Tasche, die ich bei mir hatte, waren meine Uniformjacke, das Schaffnerzeug und das Ringbuch für die Hochschule. Vom Bahnhof aus mußte ich weit zu Fuß gehen, im Winter war es noch sehr dunkel, ganz still in den Straßen, und mich fror.

Im Schaffnerraum zog ich meine Uniform an und hängte das Schaffnerzeug über die Schulter. Dann ging ich mit dem Wagenführer ins Depot, um unsere Bahn fertig zu machen. Wir redeten noch kaum miteinander, und in der Dunkelheit stolperte ich manchmal über ein Gleis. Wir schlossen die Türen der Straßenbahn auf, ließen die Oberleitung heraus, machten Licht an und stellten die Heizung an. Ich schaute nach, ob sich in den Kästen unter den Sitzen noch genug Bremssand befand, hin und wieder mußten wir mit Eimern nachfüllen. Dann fuhren wir hinaus auf unsere Strecke. Ich stieg aus und stellte die Weichen mit dem schweren Eisenbengel. Es gehörte zur Arbeit des Schaffners, damit der Wagenführer nicht aussteigen mußte. Doch manche Wagenführer machten es selbst, das sei keine Frauenarbeit, meinten sie. Aber den Anhängerwagen kuppelte ich allein an, denn der Fahrer mußte mit dem Vorderwagen langsam rückwärts stoßen.

In der ersten Schicht fuhren nur Arbeiter mit. Sie hatten Aktentaschen unter den Arm geklemmt und sprachen nicht viel. Manche kamen herein und hatten noch einen glühenden Zigarettenstummel im Mund. «'s isch gleich fertig», sagten sie zu mir, und ich nickte oder sagte: «'s isch recht.» Es war ja sonst kaum jemand im Wagen, wir waren immer dieselben. Manchmal sagte jemand: «Ausg'schlofe?» oder: «Jetzt geht's wieder los.» Manchmal sagte auch ich zu einem: «Ausg'schlofe?» «Mer hat halt uffg'hert», meinte er.

Einmal stellte mir ein jüngerer Mann ein Fläschchen 4711 aufs Schaffnerpult. Er ging gleich weiter, und ich konnte mich nicht bedanken.

Die Leute nickten mir kurz zu und setzten sich gleich hin. Sie hatten alle Wochen- oder Monatskarten, ich brauchte noch keine

Fahrscheine zu streichen. Ich hatte nur die Türen zu öffnen und zu schließen und Klingelzeichen zu geben, wenn wir weiterfahren konnten.
Nach der Schicht zog ich die Jacke aus und ging in die PH. Ich hörte Vorlesungen über Philosophie, Historische und Systematische Pädagogik und Psychologie. Das Schaffnerzeug hatte ich in der Tasche dabei. Manchmal fuhr ich am späten Nachmittag oder am Abend noch einmal eine Schicht.

Wenn ich mit dem letzten Zug heimfuhr, stieg außer mir selten einmal jemand auf unserem Bahnhof aus. Noch vom Waggon aus sah ich unter dem matt erleuchteten Vordach des Bahnhofs meine Mutter stehen. Es war ein so erbärmliches Bild, wie sie da allein in der Nacht stand in ihrem dünnen, schwarzen Mantel, das schwarze Kopftuch straff unter dem Kinn zusammengebunden, daß es mir jedes Mal wieder ins Herz schnitt.
Ich habe ihr immer wieder gesagt, sie brauche mich nicht abzuholen, sie solle sich doch lieber schon ins Bett legen. Dann sagte sie: «Ich hab den ganzen Tag schon so auf dich gewartet.»
Sie fragte jeden Tag, mit welchem Zug ich käme.
Hatte ich einen Zug verpaßt, weil ich jemanden getroffen oder einfach Lust hatte, durch die Stadt zu schlendern, so daß ich verspätet kam, saß sie in der Küche und weinte. Oft saß meine Schwester neben ihr, auch sie in Tränen aufgelöst, und sie sagten, das solle ich ihnen doch nicht wieder antun, sie hätten so gewartet und sich Sorgen gemacht.

Meine Mutter arbeitete im Garten, der Flieder vor dem Haus blühte voll, die Fenster standen auf, und abends roch es in den Zimmern schwer.
Sie hatte viel zu tun mit dem Garten, denn er sollte «in Schuß» bleiben. Es war früher die Arbeit meines Vaters gewesen. Ich war dafür, daß wir Gras einsäen sollten, aber es durfte nichts verändert werden, es hätte sie beunruhigt, so als verwischte man eine Fährte.
Sie sah so verloren aus, wie sie dastand in dem großen Garten zwischen den Bäumen, eine schmächtige Frau in ihrer schwarzen Kleidung, den schwarzen Strümpfen und dem schwarzen Kopftuch.

Die Leute sagten, der Garten wäre so schön in Ordnung wie beim Kurt, er bräucht grad wiederzukommen und sich hineinzustellen, es habe sich nichts verändert. Diese Bemerkungen taten ihr gut, man hätte sie mit nichts anderem mehr erfreuen können.
Ein Mann, der zum Zug ging, blieb am Zaun stehen und sagte, daß er so prachtvollen Flieder noch nie gesehen hätte, ob er nicht einen Zweig haben könnte. Meine Mutter holte die Gartenschere. Mit der einen Hand bog sie die Äste zu sich herab, mit der anderen schnitt sie die Zweige ab, die sie ihm dann reichte, einen nach dem andern.
Die Nachbarin war in ihrem Garten und hatte zugesehen.
«Siehste, jetzt hat sie wieder einen Galan, jetzt geht's aufwärts», rief sie über die Straße.
Meine Mutter sagte nichts, sie schämte sich vor dem fremden Mann und war zutiefst getroffen von der Grobheit, die man ihr angetan hatte.
«Wie hat die nur so was sagen können», sagte sie zu mir, «sie weiß doch genau, wie mir's geht.»

An der Pädagogischen Hochschule behandelten wir in Philosophie eine Schrift Heideggers «Vom Wesen der Wahrheit». Ich habe mir arg den Kopf zerbrochen. Ein anderes Mal lasen wir Plato und sprachen über das Höhlengleichnis. Das hat mich sehr berührt und beschäftigt.
In eine Vorlesung kam ich viel zu spät, alle saßen schon auf ihren Plätzen. Der Dozent tadelte meine Unpünktlichkeit, es sei unhöflich ihm gegenüber und auch gegenüber den Kommilitoninnen und Kommilitonen. Ich stand wieder auf und ging hinaus, einige schauten vorwurfsvoll, sie identifizierten sich ganz mit der Rede des Lehrenden.
Eine Pädagogik-Vorlesung wurde von einer Professorin gehalten. Sie sprach fast frei, nur selten ging sie ans Katheder und warf einen Blick auf ihr Manuskript. Sie ging unten vor den aufsteigenden Reihen auf und ab, ich mußte an gekäfigte Tiere denken, leicht vornübergebeugt, und faßte sich häufig mit Daumen, Zeigefinger und Mittelfinger, die sie zusammengekniffen hielt, an die Stirn, die in Falten lag, während sie sprach. Einige Mädchen, die mir durch ihren Fleiß auch schon in anderen Vorlesungen aufgefallen

waren, schrieben alles mit. Sie schauten erschrocken zur Nachbarin, wenn ihnen ein Wort entgangen war und sie den Faden verloren hatten, im Gesicht rot vor Aufregung. In den hinteren Reihen wurde manchmal geschwätzt. Dann wandte sich die Dozentin dem Auditorium zu und räsonierte über diese Rücksichtslosigkeit. Einmal sagte sie, daß es unerhört sei, sie in dem geistigen Prozeß des Denkens, in dem sie sich befinde, zu stören.
Mich befiel oft eine quälende Unruhe. Dann ging ich fort in das naheliegende Nonstopkino, wo jederzeit Einlaß war, und schaute mir Micky-Maus-Filme an.

In der Hochschule am Schwarzen Brett hing ein Anschlag eines Marktforschungsinstituts aus Frankfurt, sie suchten Interviewer für Marktanalysen.
Ich schickte das gewünschte Paßfoto ein und bewarb mich. Man schickte mir einen Ausweis mit dem eingeklebten Foto zurück, der mich als Interviewer der Firma auswies. Je nach Ware oder Marktgebiet bestimmte sich die Zielgruppe, die ich aufzusuchen hatte.
Ich interviewte Mütter über die bevorzugte Geschmacksrichtung ihrer Kinder bei Kakaogetränken, befragte die Filialleiter einer Kette von Einzelhandelsgeschäften, welche Sorte von Bananen sich am besten verkaufe und ob sie wüßten, weshalb; Hausfrauen explorierte ich über die Papierbeschaffenheit unterschiedlicher Wegwerftaschentücher, über die sympathischste Farbe und Form bestimmter Verpackungen von Reinigungsmitteln und über das angenehmste Toilettenpapier. Mitunter bekam ich ganz bestimmte Adressen genannt, an die ich mich zu wenden hatte.
Einmal sollte ich einen Schriftsteller in einer längeren Exploration, über die ich einen ausführlichen Bericht anzufertigen hatte und die höher honoriert wurde, über Bausparkassen im allgemeinen und die Bausparkasse M. im besonderen befragen. Er war sehr liebenswürdig, und als ich ihm mein Anliegen vortrug und meinen Ausweis vorzeigte, meinte er, ich sei doch sicher kein echter Hausierer, sondern bestimmt Studentin, und dann opferte er mir viel Zeit und gab originelle Antworten. Ich fragte ihn, was ihm denn zu Bausparkasse Mainz einfallen würde, er sagte Mainzer Karneval.
Hinterher sprachen wir über Marcuse und die Frankfurter Schule,

er wußte besser Bescheid als ich.
Ein anderes Mal mußte ich zu einem jungen Arzt. Er öffnete selber die Tür und sah noch so jung aus, er hätte ohne weiteres neben mir im Hörsaal sitzen können. Ich stellte mich vor und trug meine Bitte vor und hoffte darauf, daß er mir das Interview geben würde, es war wieder eines der besser bezahlten. Er musterte mich mit einem schnellen Blick, der ihn über alles zu informieren schien und mir alles sagte, dann meinte er, es tue ihm leid, aber dafür hätte er keine Zeit, er arbeite wissenschaftlich.

Die Prüfung in Historischer Pädagogik und Philosophie sollte an einem Morgen stattfinden. Ich hatte verschlafen und rannte zum Bahnhof, aber der Zug fuhr vor meiner Nase ab. Bis zum nächsten Anschluß wäre mein Termin verstrichen gewesen. Ich lief aus dem Dorf hinaus zur Bundesstraße und winkte. In einer halben Stunde sollte ich im Prüfungszimmer sitzen.
Ein Lastwagen hielt an, er hatte Kies geladen an einem der Kieswerke, von denen es mehrere in der Gegend gab, und der Fahrer wollte nur bis E. fahren. Ich bat ihn, mich bis dorthin mitzunehmen, und hoffte, dann noch einmal schnelles Glück zu haben. Beim Einsteigen spürte ich, wie mir hinten eine Naht riß. Beim Hinsetzen rutschte mein schwarzer, enger Rock, den ich zur Beerdigung meines Vaters gekauft und schon beim Abitur getragen hatte, über die Knie hoch. Ich saß neben dem Fahrer im Führerhaus hoch über der Straße und fuhr zum erstenmal mit einem Lastwagen. Er schaute mich von der Seite an, und ich hatte das Gefühl, daß er eine Erklärung erwarte, weshalb ich da mit meinem schwarzen Kostümchen auf der Straße gestanden hatte. Ich sagte ihm, daß ich den Zug versäumt habe und zur Prüfung müsse, in einer halben Stunde wäre ich dran. Es erschien ihm zuerst etwas unglaubwürdig. «Doch wirklich», versicherte ich ihm, ich wolle Lehrerin werden. «Mensch Meier, Sie haben Nerven», sagte er, und dann zeigte er sich besorgt, weil ich es gar nicht mehr schaffen würde, wenn er mich in E. absetzte. Er wollte mich nach K. fahren, es würde ihm nicht so viel ausmachen und schließlich würde er nicht alle Tage eine Lehrerin oder eine beinahe fertige Lehrerin zur Prüfung fahren. Er fuhr mich direkt bis vor die Hochschule, ich bedankte mich, und er rief mir noch «Viel Glück» nach.

Vor dem Eingang lief mein Freund aufgeregt hin und her. «Wo kommst du denn endlich her?» sagte er. «Beeil dich; der vor dir dran war, ist schon rausgekommen, und einer der Prüfer hat sich bereits auf dem Flur nach dir umgesehen.» «Ich komm schon noch richtig», sagte ich, stieg die Treppe hoch, klopfte an und die Prüfung begann.

Meine Eltern besaßen keine Bücher und die Verwandten und Bekannten auch nicht. Leute, in deren Wohnungen Bücher standen, schienen mir ganz außergewöhnlich zu sein. Ich betrachtete sie mit Ehrfurcht, wie vielleicht im Mittelalter die kleinen Leute die lese- und schreibkundigen Mönche betrachteten. Sie konnten die Schrift lesen und ihnen enthüllte sich der Sinn der Welt. Sie wußten, warum sie lebten, und wenn sie es nicht wußten, waren sie damit beschäftigt, es herauszufinden.
Auch sonst waren diese Leute anders. Bei ihrer Arbeit brauchten sie sich die Hände nicht dreckig zu machen, ihre Mahlzeiten nahmen sie am Eßtisch ein, und auf dem Eßtisch lag eine Decke. Sie tranken Wein auch werktags und ohne besonderen Anlaß, waren gut gekleidet und fuhren in den Urlaub. Sie waren frei und glücklich und brauchten sich nicht zu schämen. Ihr Leben schien mir reicher zu sein, und in dieses Leben wollte ich Eintritt haben.
Bei uns fütterte man die Sau, im Garten und auf den Feldern mußte die Erde umgestochen werden, ehe neues Saatgut und Setzlinge in die Erde kamen. Mein Vater setzte sich in seinem blauen Anton zum Vespern an den Tisch in der Küche. Die Eltern sprachen vom Brot, das wieder teurer geworden sei, und vom Dach, das ausgebessert werden müsse, es regne durch.
Man ging mit den Hühnern zu Bett und stand am Morgen zeitig auf, und der neue Tag war die Wiederholung des vergangenen. Die Tage waren ausgefüllt mit Tätigkeiten. Mir schien, als träfe man fortwährend Vorbereitungen für eine Zeit, in der man keine Vorbereitungen mehr zu treffen habe, sondern von der vorausgegangenen Mühe zehren und leben würde. Dann würde man aufhören, Vorkehrungen fürs Leben zu machen, man würde endlich leben und es gewahr werden. Man könnte endlich darüber nachdenken, wozu das alles geschah.
Das zähe Nacheinander der Tage löste sich nie auf, nicht einmal in einem Urlaub. Mein Vater hatte nur einmal am Meer gestanden, während des Kriegs, meine Mutter sah es ihr Leben lang nicht.
Die Welt war zu, der Spielraum darin eng, ich kannte anderes durch Lesen, und das machte mir Sehnsucht.
Man beschied sich mit dem, was war, weil man sich zu bescheiden hatte, aber selbst darüber sprach man kaum. Bei jenen schien mir die Welt offener zu sein, ich glaubte, sie seien auf dem Weg, den

ich suchte, weil sie das Wissen hatten. Ich nahm an, daß sie die Banalitäten des Alltags überwunden hätten oder wenigstens ständig dagegen ankämpften. Ich konnte mir nicht vorstellen, daß sie sich nur über steigende Preise unterhielten oder über ihre Krankheiten oder die Beerdigungen in der Straße. Ich stellte mir vor, sie seien mit Fragen beschäftigt, die mir lebenswichtig schienen und die sich keiner um mich herum stellte.

Meine Leute waren einfach da, sie fragten nicht weshalb, und in dieser ihrer Bewußtlosigkeit erlebte ich ihr Dasein so, als wäre es unerheblich, und das fand ich vernichtend. Als ich begriff, daß wir alle nur eine abgezählte Reihe von Tagen zur Verfügung hatten, war ich über ihre fraglose Aneinanderreihung entsetzt. Wie konnte man sie verleben, als seien sie ohne Ende?

Das fehlende Wissen, meinte ich, schlösse die Welt zu und ließe nur die stumpfe Wiederholung übrig. Heirat, Kinderkriegen, Broterwerb, das war's, und plötzlich wurde man vom Tod überrascht, ohne bemerkt zu haben, was war, als man noch lebte und wie das geschehen ist, was einem geschah.

Der Frühling kam, der Sommer, der Herbst und wieder der Winter. Die Leute folgten dem Vorrücken der Zeit, wie man dem Flug von Vögeln folgt, ohne Staunen. Sie blieben auf der Ebene des bloßen Registrierens stehen, ohne nachzudenken.

Ich fragte meine Eltern: «Ist das das Leben?» Und sie sagten: «Ja.» Ich sagte: «Das kann doch nicht das Leben sein.» Sie sagten: «Was hast du bloß, so ist das Leben.» «Wie hält man das bloß aus, das kann doch nicht alles sein», sagte ich. Sie meinten, ich würde eines Tages noch überschnappen, kein Mensch sonst sei so komisch wie ich, und ich glaubte es auch fast.

Später ist mir klargeworden, daß ich nach dem Sinn des Lebens gefragt habe, nicht nach der Gerechtigkeit. Mir fiel nicht auf, daß meine Geschichte die einer bestimmten Schicht war. Ich dachte, daß jeder seines Glückes Schmied sei, und wußte nicht, daß es auch darauf ankomme, wo man schmiedet. Ich dachte lange, jene anderen seien eben tüchtiger gewesen als meine Eltern.

Natürlich gibt es zwischen beiden, dem Sinn und der Gerechtigkeit, Verbindungen, zum Beispiel die Empörung: Das kann doch nicht alles sein, das kann doch nicht das Leben sein!

Alles um mich herum habe ich immer wachsam wahrgenommen, auch mich. Ich konnte nicht glauben, daß das, was ich sah, die ganze Wahrheit war. Es schien mir die Luft zu nehmen, um frei durchzuatmen, den Raum, um mich zu bewegen. Ich wollte nicht, daß die Beschränkungen meine Bewegungen vorschrieben und mich so definierten. Ich habe nicht an die steten Beteuerungen geglaubt, so sei halt das Leben. Ich meinte, für sie sei es so, weil sie sich das sagten und sich danach verhielten. Dem wollte ich enteilen, um mich selbst zu finden. Ich wollte zu jenen gehören, in deren Wohnungen Bücher standen. Ich suchte Einlaß in dieses Leben, weil ich ein besseres suchte. Ich dachte: Wenn man sich zwingen läßt von diesen Zwängen, unterliegt man dem Zwang. Andere, so schien es mir, hatten es auch geschafft. Ich glaubte an deren Kraft und an meine, es auch zu schaffen mit mehr Wissen. Das Pädagogik-Studium schien ein Weg in diese Richtung zu sein, wenn es auch nicht das war, was ich wollte. Ich hätte lieber Psychologie studiert.

Nachdem ich Lehrerin geworden war, übte ich den Beruf sechs Jahre lang aus. Ich kann weder sagen, daß ich dabei sehr glücklich noch sehr unglücklich gewesen bin. Aber nach einigen Jahren an verschiedenen Schulen in der Stadt und auf dem Land hatte ich das Gefühl, daß sich in den nächsten vierzig Jahren immer wieder alles wiederholen würde, falls ich dabeibliebe. Ich fühlte plötzlich die Routine und den Zwang, dem ich gerade entgehen wollte. Er war auch in der Schule selbst wirksam, da sie eine Pflichtveranstaltung war, während meiner Ansicht nach das richtige Lernen auf Freiwilligkeit beruht. Das war nicht das wahre Leben, und ich glaubte, daß es irgendwo sein müßte.

Noch als ich 28 Jahre alt war und endlich zur Universität ging, um Psychologie zu studieren, war ich von diesem Gefühl erfüllt. Über der Eingangstür stand: Die Wahrheit wird Euch frei machen. So wie die Augen das Organ zum Sehen sind und die Ohren das zum Hören, schien mir immer die Sprache das moralische Organ zu sein. Es schien mir unmöglich, mit Worten zu lügen. Ich nahm daher den Satz wörtlich.

Ich stellte fest, daß die Universität auch eine Anstalt zur Beförderung der Karriere war. Bücher über den Unterricht in der Schule schrieben zum Beispiel Leute, die nie vor einer Klasse gestanden hatten. Das kam mir verlogen vor. Die Trennung von Theoretikern und Praktikern schien mir unheilvoll, weil sich dahinter eine viel bösartigere andeutete: von jenen, die das Wissen beanspruchten und jenen, die sich das Gewissen machen sollten. Ich wußte auch, daß es viel leichter ist, eine Vorlesung über Sozialisation zu halten, als mit schlecht Sozialisierten umzugehen. Außerdem hatte ich noch nicht aufgehört, nach dem Sinn zu fragen, doch war das unwissenschaftlich. An diesem Ort herrschte eine Besinnungslosigkeit und Sinnlosigkeit wie anderswo, und ich war sehr enttäuscht.

Die politischen Studenten betrachtete ich mit großer Verwunderung. Ich fühlte mich ihnen unterlegen, sie traten sicher auf und schienen alles zu wissen. Sie kannten sich nicht nur in der Psychologie aus, die sie die bürgerliche nannten, sie wußten auch, wem ihre Anwendung nutzen und auf wessen Kosten es gehen würde. Sie lehnten es strikt ab, Handlanger der herrschenden Klasse zu werden, sie verurteilten das wie Christen das sündige Leben.

Ich kann mich kaum noch an einzelne entsinnen, sie sind sich alle so ähnlich gewesen. In den Versammlungen, die ich besuchte, wurde viel über die Benachteiligung von Arbeiterkindern gesprochen. Wenn ich mich daran erinnere, fällt mir als erstes ein, daß man die glühenden Zigarettenkippen einfach auf dem Fußboden austrat. Der Linoleumboden war übersät mit kleinen schwarzen Brandlöchern. Das hat mich innerlich beunruhigt, denn ich mußte immer daran denken, was die Sachen kosten. Aber ich habe nie etwas dazu gesagt, weil ich Angst hatte, als kleinbürgerlich entlarvt zu werden.

Mich irritierte auch, daß einige über den Fahrplan der Revolution genau Bescheid wußten, aber selbst immer zu spät kamen oder ausblieben, wenn man mit ihnen verabredet war.

Ich verstand es nicht gut, wenn die Studenten von der Arbeiterklasse sprachen. Ich fand, daß es schwer ist, an den Schmerzen anderer zu leiden. Offenbar benutzten sie die Arbeiterklasse als Vehikel für die eigenen Leiden. Manchmal beschlich mich das Gefühl, als sei ihr Engagement nur vorgeschoben und seien mit den Feinden im Grunde die eigenen Väter gemeint, die aber viel zu mächtig für einen direkten Angriff waren.

Viele vernachlässigten ihre Kleidung und trieben es bis zu einer Art von künstlicher Verwahrlosung, die mich abstieß. Aber auch das wagte ich nicht zu sagen.

Doch die Zeiten und die Studenten änderten sich, bald wurde der Professor wieder Herr Professor genannt, und einige der jungen Wilden befinden sich jetzt auf der akademischen Laufbahn.

Viel mehr als die Studenten haben mich die Leute von Wyhl

interessiert, und an ihren Aktionen habe ich immer teilgenommen.
Sie waren so, wie meine Leute gewesen wären, hätten sie nicht diese schlimme Ehrfurcht und Andacht gehabt. Die Wyhler hatten sie abgelegt, und plötzlich waren sie wer.
Ich habe mich an der Universität nie zu Hause gefühlt, auch nicht bei den Linken, obgleich ich mir das gewünscht hätte. Ich glaube, wir scheitern nicht, weil es keine Klassen mehr gibt und die Unterschiede so klein geworden sind, sondern weil sie immer noch so groß sind. Man glaubt uns nicht. Es liegt weniger an unserer Sprache, auch wenn sie oft unverständlich ist, wir sind moralisch nicht glaubwürdig. Man würde uns glauben, wenn wir in zehn Jahren noch so handeln wie wir heute reden.
Man muß die Lebensbedingungen der Menschen ändern, um sie selbst zu ändern, aber um die Lebensbedingungen wirklich zu ändern, müssen sich schon die Menschen geändert haben. Das ist ein Zirkel, dem man kaum entrinnt.
Das Studium hat mir ermöglicht, daß ich mich jetzt zu denen zählen kann, die meine Eltern so bewundert haben und ich auch. Von meiner Bewunderung ist nicht viel übriggeblieben. Ich hatte eine freie Weite gesucht und fand nun die Welt genauso zu und vernagelt. Auch hier interessiert man sich für Dinge, wenn es auch etwas andere sind. Da man sich mehr kaufen kann, wird vieles käuflich. Das Meer, sogar an Weihnachten, wird etwas, das man sich leisten kann, es wird zum Bestandteil des Lebensstandards, gehört dazu. Ich habe erfahren, daß man nicht so viel anders wird, wie ich mir das eigentlich wünschte. Trotzdem weiß ich, daß dies nicht das richtige Leben ist.
Meine Eltern würden wahrscheinlich sagen, daß ich jetzt etwas bin, und wären darauf sogar stolz. Es stimmt aber nicht, daß ich es geschafft habe.

Ich glaube, daß man zur bürgerlichen Gesellschaft gehört, wenn man auf die Frage, was man sei, ohne Beschämung antworten kann. Das fällt einem Zahnarzt, Psychologen, Lehrer leichter als einem Arbeiter oder Arbeitslosen. Die Frage, was man ist, darf überhaupt keinen anderen Sinn mehr haben als den nach Beruf, Stellung, Erfolg. Man ist sein Beruf, seine Stellung, seine Leistung und sonst nichts. Alles andere gilt und zählt nichts und hat keine Bedeutung. Daher auch die Angst, es zu verlieren, weil man ja sonst nichts ist. Ich habe diesen Zustand immer als Verlassenheit von Sinn empfunden. Wahrscheinlich ist man in der bürgerlichen Welt erst dann ganz zu Hause, wenn man diese Verlassenheit nicht mehr spürt.

Ich empfand es als sehr schmerzhaft, daß man auch hier ein Leben der Bewußtlosigkeit führt, aber das ist wohl der falsche Ausdruck. Denn bei Bewußtsein sind wir ja. Es ist eher ein Leben der Besinnungslosigkeit. Es ist ein Leben ohne Sinn und Verstand, und ich frage mich wieder, wie man das aushalten kann.

So gesehen, finde ich das Leben meiner Eltern gar nicht mehr so sinnlos. Hier denkt man auch nicht mehr nach, als mein Vater nachdachte, wenn er den Spaten in die Erde stach. Dabei hatte er das Nachdenken weniger lernen können, ihm waren Grenzen gesetzt. Innerhalb seiner Möglichkeiten war sinnvoll gewesen, was er tat. Tiere müssen gefüttert werden, die Ernte muß eingebracht werden.

Ich denke wieder an das Höhlengleichnis. Mir sind die Fesseln gelöst worden, ich bin rausgekommen. Manchmal fühle ich mich wie ein Spion, der von unten kam. Was soll ich sagen, wenn ich zurückkehre? Am liebsten würde ich sagen: Macht euch nicht so klein, ihr braucht nicht ehrfürchtig zu sein, es lohnt sich nicht.

Natürlich bin ich für Chancengleichheit, wer nicht. Nur die, die sagen: Schuster, bleib bei deinen Leisten. Aber Chancengleichheit darf nicht bedeuten: Kleiner Mann, auch du kannst ein großer Mann werden. Sie darf nicht das Schielen nach oben lehren. So macht man dem kleinen Mann kein Selbstbewußtsein, sondern nimmt es ihm nur.

Ich bin nicht mehr eine von ihnen, das merke ich, wenn ich in das Dorf komme, aber zu den anderen gehöre ich auch nicht. Ich habe meinen angestammten Platz verlassen, aber einen anderen nicht gefunden. Ich sitze zwischen zwei Stühlen, wovon der eine etwas weicher ist. Natürlich könnte ich Platz nehmen, was hindert mich daran. Mir fehlt die Selbstsicherheit, eine gewisse Selbstverständlichkeit und Fraglosigkeit des Besitzes und des Besitzens. Das liegt, glaube ich, nicht an meiner Herkunft, sondern an metaphysischen Zweifeln. Da man hier in etwas anderen, besseren Verhältnissen lebt, hat man auch ein etwas anderes Verhältnis zur Welt. Es ist weniger devot und demütig, dafür arroganter. Man glaubt eher, daß die Dinge für einen da seien. Einige glauben sogar, daß die Erde da sei, damit sie mit ihrem Hintern drauf sitzen können. Viele meinen,

sie seien die geborenen Sitzplatzinhaber, während andere stehen können, wenn überhaupt. Das alles stößt mich ab. Obgleich ich gar nicht fromm bin, empfinde ich diese Haltung als unfromm.
Ich habe meine frühere Meinung revidiert über die Leute, zu denen ich gehören wollte, aber im Dorf wollte ich auch nicht mehr leben. Manchmal fahre ich dorthin, aber nur für einen Tag. Dann überfällt mich die alte Bedrückung und ich muß wieder fort. Ich habe das Gefühl, daß das Leben am Ort vorbeigeht, obgleich sich vieles verändert hat. Vor den Häusern stehen jetzt Autos, und es scheint so, als seien die Bewohner damit aus der alten Welt hinausgefahren. Aber die Denkweise ändert sich langsam, viel langsamer, als man glaubt. Noch immer herrscht die Diktatur im Untergrund der Erziehung, und solange das so ist, wird die politische Demokratie der Erwachsenen eine aufgepfropfte, blasse Pflanze bleiben.
Ich achte noch mehr auf die Gespräche. Manche sind wie Romane. Man kann gut verfolgen, wie einer in die Welt hinausgeht und seinen Weg macht oder auch nicht.
Noch immer bedrückt mich die Ereignislosigkeit; aber ich habe doch gelernt, genauer hinzusehen, was sich in ihr ereignet, das Kommen und Gehen der Generationen. Natürlich findet das überall statt, aber hier achtet man eher darauf, weil man weniger abgelenkt ist.
Im Dorf sind Häuser noch mehr als bloße Gebäude und Unterkünfte. Es sind keine Adelshäuser, ganz im Gegenteil, aber doch Häuser, zu denen bestimmte Familien gehören und aus denen man stammt. In manchen lebten schon die Urgroßeltern und Großeltern oder sie leben noch immer dort mit den Kindern und Enkeln. Während die Enkel heranwachsen, treten die Großeltern ab. Auf einmal sind sie nicht mehr da, während die, die eben noch nicht da waren, das Laufen lernen, sich eines Tages an das Hoftor wagen und etwas später auf die Straße, wo sie mit anderen aus anderen Häusern zusammentreffen. Noch später heiraten sie, haben selber Kinder, hüten eines Tages deren Kinder, stehen noch eine Weile an den Straßenecken und tratschen miteinander, bis sie eines Tages nicht mehr da sind. So wiederholt sich das immer.
Nachdem meine Mutter gestorben war, sagte die Nachbarin, es war an einem Tag im Sommer: «An solchen Tagen kann ich's gar nicht fassen. Kann's denn wirklich wahr sein? Bei so einem Wetter

war sie immer draußen. Ich seh sie noch im Garten bohren. Da hat sie immer gehackt. Ist's denn tatsächlich möglich?»
Dabei zeigte sie mit der Hand auf die Beete, die inzwischen langsam anfingen, vom Unkraut überwuchert zu werden; so als suche sie nach der entschwundenen Spur.
«Ich kann's einfach noch nicht glauben, so eine gute Nachbarin wie ich verloren hab, und doch, das Leben geht weiter.»
Das hat mich berührt. Als Nachbarn einander gegenüber wohnen und leben an dieser langweiligen, von Gartenzäunen gesäumten Straße, die manchmal daliegt wie ein verlassener Strand; nur ein Sprung über die Straße, so nahe, daß man sich berühren konnte; sich endgültig aus den Augen verlieren, aber was heißt das alles?
Noch immer gehen die Leute regelmäßig auf den Friedhof. Meine Eltern liegen im linken Feld, nahe bei der Mauer. An Sommertagen, abends, sind viele Leute auf dem Friedhof. Sie besuchen ihre Toten. Es ist Zuneigung und auch Prestigesache. Man will auch gesehen werden, wenn man seine Toten besucht. Sie gießen die Gräber, und fast glaube ich, daß sie nicht nur den Blumen zu trinken geben, sondern auch den Verstorbenen darunter, von denen sie zugleich annehmen, daß sie jetzt wohlgefällig vom Himmel auf sie herabsehen.
Es hat mich oft betroffen gemacht, daß die Toten in der Nähe jener Orte begraben liegen, wo sie gelebt haben, wo sie gestorben sind und schließlich begraben wurden. Der Ort schien mir dadurch etwas Geheimnisvolles zu werden, etwas anderes als eine topographische Größe.
Manchmal denke ich auch daran, daß ich selbst sterben werde. Ich werde in der Nähe von irgendwelchen Dingen liegen, so wie jeder. Das werden die Dinge sein, bei denen ich zuletzt gewesen bin. Obgleich sie ganz in der Nähe sind, kann ich nicht mehr hingehen, und ich kann sie nicht mehr anfassen. Wenn ich das denke, wird mir die Nähe der Dinge, die ich anfassen und begreifen kann, unfaßbar und unbegreiflich. Wenn ich an den Tod denke, erinnere ich mich manchmal an die Gegenwart der Erde.
Obgleich also die Dinge ganz in der Nähe sind, werde ich nicht mehr hingehen können, nicht einmal zur nächsten Straßenecke. Obgleich sie ganz in der Nähe liegt, ist sie das allerentlegenste. Ich denke dann: was ich nicht alles konnte, oder genauer: was ich nicht alles kann. Ich kann zur nächsten Straßenecke gehen, zu

meinen Freunden, ich kann die Beine ins Meer hängen; was ich nicht alles konnte.
Dieses einfachste und unscheinbarste Können erfüllt mich manchmal mit großer Dankbarkeit und scheint mir das allergrößte zu sein. Es ist kein Verdienst, kein Vermögen, keine Fähigkeit, keine Macht, kein Beherrschen, sondern gleichsam ein von uns unabhängiges Können, ein Gewährtsein. Es ist allen Menschen gemeinsam und das, so glaube ich wenigstens, womit wir mit der Welt zusammenhängen.
Wenn ich das denke, habe ich das Gefühl, daß sich die Fraglosigkeit und Selbstverständlichkeit des Dahinlebens für einen Augenblick wie ein Nebel verzieht und der Blick endlich frei wird.
Aber meistens habe ich dafür keine Zeit.

Jetzt arbeite ich in einem Mutter-Kind-Kurheim. Viele der Frauen dort sind arm, mißhandelt, krank, so daß ich mich fast für mich schäme, weil es mir besser geht.
Manchmal, wenn wir beieinander sitzen, erschrecke ich plötzlich. Es kommt mir vor, als bewohnten wir nicht miteinander denselben Planeten, sondern wohnten in verschiedenen Welten. Und doch fühle ich eine tiefe, kreatürliche Verbundenheit mit ihnen. Oft berichten sie schreckliche Dinge. Ich möchte dann sagen: Das gibt es nicht, weil nicht sein darf, daß es das gibt. Ich glaube nicht, daß ich ihnen sehr helfen kann. Aber bei dem Versuch zu helfen, fragt man nicht, warum und wozu. Es scheint an sich sinnvoll zu sein, und ich halte mich an den kleinen Sinn.
Kürzlich erzählte eine Frau, daß sie mit ihrem asthmatischen Kind beim Arzt gewesen sei. Da sie kein Geld für eine Erholungsreise hatte, habe ihr der Arzt geraten, sie solle jeden Morgen zwei Stunden mit dem Kind um den Gaskessel herumgehen, der auf einer Anhöhe etwas über der Stadt in einem Industrieviertel liegt. Das hat sie auch getan.
Die Frau war mir tausendmal näher als der Arzt. Im Grunde weiß ich doch, wohin ich gehöre.

985/9–9 b

1036/2